SUN TZU
ESTRATÉGIAS DE MARKETING

Gerald A. Michaelson | Steven W. Michaelson

SUN TZU

ESTRATÉGIAS DE MARKETING

12 Princípios fundamentais para vencer a guerra por clientes

*m.*Books

M.Books do Brasil Editora Ltda.

Av. Brigadeiro Faria Lima, 1993 - 5º andar - Cj. 51
01452-001 - São Paulo - SP - Telefones: (11) 3168 8242 / 3168 9420
Fax: (11) 3079 3147 - E-mail: vendas@mbooks.com.br

Dados de Catalogação na Publicação

Michaelson, Gerald A.
Sun Tzu – Estratégias de Marketing/Gerald A. Michaelson
2005 – São Paulo – M.Books do Brasil Editora Ltda.
1. Marketing 2. Negócios 3. Estratégia de Marketing
ISBN: 85-89384-68-3

Do original: Sun Tzu – Strategies for Marketing

© 2004 by Gerald A. Michaelson
© 2005 M. Books do Brasil Ltda.
Todos os direitos reservados.
Original em inglês publicado por McGraw-Hill, uma divisão
da The McGraw-Hill Companies

EDITOR
MILTON MIRA DE ASSUMPÇÃO FILHO

Produção Editorial
Salete Del Guerra

Tradução
Melissa Kassner

Revisão de Texto
Claudia Mello Belhassof
Mônica Aguiar

Capa
Design: Douglas Lucas
Foto: Terracotta Army in Xian China – Steve Allen / Alamy

Editoração e Fotolitos
Editores.com – Comunicação e Arte

2005
Proibida a reprodução total ou parcial.
Os infratores serão punidos na forma da lei.
Direitos exclusivos cedidos à
M. Books do Brasil Editora Ltda.

*Este livro é dedicado com amor
aos nossos clientes favoritos:
Jan e Sue Michaelson*

SUMÁRIO

Prefácio   ix

Introdução: Os Princípios da Estratégia de Marketing   xiii

Primeiro Princípio: Honre o Cliente   1
Se o cliente não compra seu produto ou serviço,
nada mais importa.

Segundo Princípio: Organização da Inteligência   9
Conheça o mercado tão bem quanto conhece a si mesmo.

Terceiro Princípio: Manutenção do Objetivo   31
Uma intenção clara e um objetivo firme.

Quarto Princípio: Uma Posição Segura   57
Ocupe uma posição que não possa ser facilmente tomada
por seus oponentes.

Quinto Princípio: Ação Ofensiva   73
Mantenha-se na ofensiva para garantir a liberdade de ação.

Sexto Princípio: Surpresa   89
A surpresa é a melhor maneira de conquistar o domínio
psicológico e negar a iniciativa ao seu adversário.

Sétimo Princípio: Manobra   101
Os atalhos mais fáceis são freqüentemente defendidos
com mais empenho; o caminho mais longo pode ser o
caminho mais curto para casa.

Oitavo Princípio: Concentração de Recursos 115
Reúna uma força suficientemente superior no local e no momento decisivos.

Nono Princípio: Economia de Força 129
Avalie com exatidão onde aplicar seus recursos.

Décimo Princípio: Estrutura de Comando 139
O processo de gestão libera o poder dos recursos humanos.

Décimo Primeiro Princípio: Liderança Pessoal 159
Para vencer, é necessária a fé do líder em seu pessoal e a fé destes na capacidade do líder.

Décimo Segundo Princípio: Simplicidade 183
Até mesmo os planos mais simples são difíceis de executar.

Estratégias de Implementação 185
Exemplos Práticos de Marketing de Gerentes Bem-Sucedidos

Índice Remissivo 203

Prefácio

A guerra é uma questão de vital importância para o Estado;
uma questão de vida ou morte, a estrada que leva à sobrevivência ou à ruína.
Portanto, é imperativo estudá-la cuidadosamente.

Sun Tzu
A Arte da Guerra

Por que um livro escrito 500 anos antes do nascimento de Cristo é considerado um best-seller dos tempos modernos? Por que os treinadores, professores e executivos lêem *A Arte da Guerra*, de Sun Tzu? Por que Tony Soprano cita, na HBO, o trabalho do Mestre? Quais são as aplicações, para o marketing, da sabedoria atemporal encontrada nesse clássico da antiguidade?

A Arte da Guerra é reconhecido como a essência concentrada da estratégia da vitória. Dentro dos princípios de Sun Tzu está a base para compreender os princípios estratégicos do marketing moderno. Ao se beneficiar com uma revelação, você desejará encontrar muito mais.

A Arte da Guerra é a pedra fundamental da atividade militar e da estratégia de negócios orientais. Hoje, existem mais de dez traduções desse antigo trabalho para o inglês. Outros livros aplicam as traduções aos negócios, aos esportes e ao sucesso pessoal. Exemplares de *A Arte da Guerra* podem ser encontrados em quase todos os idiomas.

O dogma básico da filosofia de Sun Tzu é que, se sua estratégia estiver bem fundamentada, você prevalecerá — e, se tiver uma estratégia verdadeiramente boa, prevalecerá sem lutar. Essa ênfase oriental em superar o adversário com sabedoria estratégica difere significativamente da estratégia ocidental, que enfatiza a ação (lutar a grande batalha) como meio de vencer.

A força de *A Arte da Guerra* para o gerente contemporâneo é sua simplicidade. Ao fazer as inscrições, de maneira diligente, em varas de bambu, Sun Tzu teve de tornar cada pensamento significativo. Não havia nada muito complicado em relação às batalhas na época de Sun Tzu. Quando a batalha era necessária, a guerra era vencida por meio da previsão, do cálculo, das trapaças e das manobras. A própria simplicidade das antigas estratégias de batalha ajuda a fazer a transição das lições de ontem para o planejamento de amanhã.

SUN TZU: ESTRATÉGIAS DE MARKETING

As máximas de Sun Tzu são simples e, ainda assim, profundas; breves, mas perspicazes. O poder desses conceitos é impressionante. Eles se aplicam igualmente bem nos negócios e no cotidiano. Para vencermos, precisamos do poder extraordinário de Sun Tzu aplicado em um golpe preciso para proporcionar uma torrente de impulsos. Pergunte a qualquer campeão olímpico sobre o impulso do esforço extraordinário empregado no momento certo.

Vários benefícios excepcionais advêm ao leitor como resultado dos conteúdos e da organização singulares deste livro.

1. Os 12 princípios da estratégia de marketing são as linhas gerais para aplicar a sabedoria de Sun Tzu ao marketing. Não há como ter certeza de que as traduções mantêm o fluxo do texto original; alguns pontos parecem pertencer a outros capítulos. Ao extrair as passagens significativas que se aplicam aos negócios e organizá-las dentro dos princípios da estratégia de marketing, fica mais fácil o leitor entender e adaptar esta sabedoria atemporal.

2. Para dar ao leitor uma percepção mais completa do valor do pensamento estratégico oriental, incluímos a sabedoria dos contemporâneos de Sun Tzu. As passagens mais significativas dentre essas são de "Wu Chi sobre *A Arte da Guerra*" e de "Os Preceitos de Ssu Ma Jang Chu", raramente publicados. Seus comentários ajudarão na compreensão e na utilização das antigas estratégias.

3. Este trabalho combina, de forma singular, os pensamentos oriental e ocidental. Incluir a sabedoria dos comandantes militares ocidentais ajuda a ter idéias de como aplicar este conhecimento no combate (tática) diário de marketing.

Apresentamos este livro não com a crença de que os negócios são uma guerra, mas sim com a idéia de que podemos encontrar aplicações úteis aos negócios por meio do estudo da estratégia militar. A sabedoria dos antigos chineses falava mais de como evitar a guerra (estratégia) do que de como lutá-la.

É preciso estudar para realmente entender as lições de Sun Tzu. Ler o livro apenas uma vez é como tentar aprender caratê observando um especialista arrancar uma planta com um único golpe. Com essa única lição, sabe-se

PREFÁCIO

apenas o que fazer, não como fazê-lo. Para ser um especialista, é preciso, primeiro, ser aluno.

Seu sucesso na aplicação dessa antiga sabedoria é nosso sucesso. Desejamos que você tenha um sucesso contínuo.

Gerald A. Michaelson
Steven W. Michaelson

www.TeamMichaelson.com
E-mail: SunTzu@TeamMichaelson.com

Introdução
Os Princípios da Estratégia de Marketing

Durante milhares de anos, foram desenvolvidos princípios que servem como orientações que governam a ação. Sun Tzu lista cinco condições e sete atributos como pré-requisitos para traçar planos. Os quatro Ps originais do marketing foram expandidos para oito. O manual de campo do exército americano lista nove princípios como a base de suas estratégias. Extraímos, dos exércitos do mundo e da experiência prática, 12 princípios para formar a pedra fundamental do marketing excelente.

Todos os princípios incluem estas características:

- Leis que demonstram a sabedoria de certas ações
- Requisitos que podem levar ao sucesso
- Verdades fundamentais relevantes para o sucesso da disciplina

Seguir os princípios não garante a vitória. Ignorar os princípios certamente levará à derrota. Talvez um princípio seja, acima de tudo, uma orien-

SUN TZU: ESTRATÉGIAS DE MARKETING

tação que às vezes pode ser violada, mas sempre deve ser considerada. Os princípios são freqüentemente ignorados por nações jovens e empresas jovens. Evidências concretas e substanciais indicam que os vencedores se mantêm fiéis aos princípios.

Os princípios não mudam com o tempo. Como veremos na aplicação da sabedoria atemporal de Sun Tzu, os mesmos princípios básicos orientaram grandes líderes por séculos. A doutrina tática é reavaliada a cada mudança na tecnologia ou na técnica.

Como conselho para aplicar os princípios, o estrategista militar Edward Luttwak escreveu:

> Alguns escritores, na tentativa de usar o conhecimento militar como base para lições de negócios, ignoraram os princípios. Sem dúvida, os acharam vagos demais. Mas são os princípios da guerra que melhor capturam as lições essenciais da experiência militar, e não as meras técnicas, que parecem mais úteis no início porque podem ser precisas, mas que são inaplicáveis às necessidades da vida real, na maioria dos casos.

Seria tolice acreditar que todos os princípios se aplicam a todas as situações. Você só deve violar os princípios quando tiver total consciência de que os está violando. Conhecer os princípios e violá-los é assumir riscos. Quanto mais você se afasta dos princípios, maior o risco. Os profissionais entendem as sutilezas dos princípios; os amadores os ignoram. Ambos assumem riscos. Ambos vencem e perdem. Apenas um tem as probabilidades ao seu favor. Apenas em circunstâncias incomuns os grandes militares e generais do marketing assumem o risco de violar os princípios. Os amadores violam os princípios simplesmente porque outros os violaram.

Os princípios adaptados da guerra são o fundamento para estratégias de vendas e de marketing. Devemos considerá-los como o fundamento para a "flexível ciência" do marketing, na qual as fórmulas se baseiam nas probabilidades, e não nas certezas.

A aplicação destes princípios é uma arte. É nessa arte que o julgamento entra em cena. A aplicação exige um bom julgamento baseado em uma compreensão dos princípios. A aplicação à função de planejamento é chamada de estratégia. Sua aplicação à execução do plano é a tática.

Analise os princípios com cuidado. A avaliação antes da batalha é freqüentemente ignorada por causa da pressa de agir.

INTRODUÇÃO

Primeiro Princípio: Honre o Cliente
*Se o cliente não compra seu produto ou serviço,
nada mais importa.*

Segundo Princípio: Organização da Inteligência
Conheça o mercado tão bem quanto conhece a si mesmo.

Terceiro Princípio: Manutenção do Objetivo
Uma intenção clara e um objetivo firme.

Quarto Princípio: Uma Posição Segura
*Ocupe uma posição que não possa ser facilmente tomada
por seus oponentes.*

Quinto Princípio: Ação Ofensiva
Mantenha-se na ofensiva para garantir a liberdade de ação.

Sexto Princípio: Surpresa
*A surpresa é a melhor maneira de conquistar o domínio
psicológico e negar a iniciativa ao seu adversário.*

Sétimo Princípio: Manobra
*Os atalhos mais fáceis são freqüentemente defendidos com
mais empenho; o caminho mais longo pode ser o caminho
mais curto para casa.*

Oitavo Princípio: Concentração de Recursos
*Reúna uma força suficientemente superior no local e no
momento decisivos.*

Nono Princípio: Economia de Força
Avalie com exatidão onde aplicar seus recursos.

Décimo Princípio: Estrutura de Comando
O processo de gestão libera o poder dos recursos humanos.

Décimo Primeiro Princípio: Liderança Pessoal
Para vencer, é necessária a fé do líder em seu pessoal e a fé destes na capacidade do líder.

Décimo Segundo Princípio: Simplicidade
Até mesmo os planos mais simples são difíceis de executar.

Primeiro Princípio
Honre o Cliente

Porque o cliente tem uma necessidade, nós temos um trabalho a fazer.
Porque o cliente tem uma escolha, devemos ser
a melhor escolha.
Porque o cliente é sensível, devemos ser
atenciosos.

Porque o cliente tem urgência, devemos ser rápidos.
Porque o cliente é único, devemos ser flexíveis.
Porque o cliente tem altas expectativas,
devemos ser excelentes.

Porque o cliente tem influência, temos esperança de conquistar
mais clientes.
Por causa do cliente, nós existimos.

— Anônimo

SUN TZU: ESTRATÉGIAS DE MARKETING

> *ESTRATEGICAMENTE*
> Honrar o cliente visa à construção de
> um relacionamento duradouro.
>
> *TATICAMENTE*
> Honrar o cliente visa à satisfação
> em cada interação.

***Se o cliente não compra seu produto
ou serviço, nada mais importa.***

Os "clientes" de Sun Tzu eram as pessoas — os cidadãos do império. No marketing, as pessoas são os nossos clientes, e nossos clientes são reis — estamos à disposição deles.

SIRVA SEUS CLIENTES

Todo aspecto do marketing deve focalizar o cliente. Ele é o juiz e o jurado do seu marketing e dos seus negócios.

O objetivo final do marketing é gerar produtos e serviços que não apenas satisfaçam as necessidades dos clientes, mas que também os deleitem, para que retornem e comprem novamente. O marketing está diretamente relacionado a conquistar e manter clientes. Use o cliente como uma bússola para determinar a direção dos seus programas de marketing. O *feedback* do cliente mostra para onde você deve ir. Se você não tiver dados de marketing para orientar seu negócio, no final do dia não terá um negócio.

Portanto, precisamos nos preocupar, antes de mais nada, com o princípio "Honre o Cliente". Para servir nossos clientes, precisamos

- Saber quem são
- Saber o que querem
- E fornecer a eles aquilo que desejam

PRIMEIRO PRINCÍPIO

Servimos nossos clientes ao dar a eles aquilo que desejam, quando desejam, e melhor que qualquer outro. Vamos deixar isso claro:

- Nem todas as pessoas são um cliente em potencial. A amplitude dos nossos produtos e serviços determina quem será nosso cliente. Por outro lado, estamos efetivamente declarando quem não será nosso cliente.
- Nós determinamos como serviremos os clientes. Eles se encontram na interseção entre nossa proposta de negócio e suas necessidades específicas.

É aqui que o "posicionamento" atemporal entra em cena. Uma declaração de posicionamento mantém uma organização funcionando, e gera clareza entre os empregados e os clientes sobre como você os servirá bem.

A declaração de posicionamento identifica:

- Seus clientes-alvo
- Seu negócio
- Os benefícios que você oferece aos clientes
- Por que seus clientes preferem seus produtos e serviços

CLIENTES-ALVO

Você deve saber mais sobre o que seu cliente precisa do que o próprio cliente. Se você *realmente* conhece seu cliente, e se *realmente* proporciona um valor verdadeiro a esse cliente, vocês dois farão negócios por toda a vida.

Seus clientes-alvo são aqueles que você pode servir especialmente bem, baseado nas forças da sua empresa. São os clientes que se importam com aquilo que sua empresa se importa — e você se importa com eles.

- Se você não se importa com sua aparência, você não é candidato à moda cara, vinda da Europa, e não será alvo das empresas que vendem esse tipo de moda.
- Se você não gosta de ler, não será o cliente-alvo de promoções de venda de revistas, livrarias ou editoras.

As pessoas que se importam com aquilo que você se importa estão mais propensas a reconhecer a qualidade do seu produto ou serviço — e estão mais dispostas a pagar por isso. Você amplia suas margens com o tempo quando encontra um grupo de clientes que deseja servir e que deseja ser servido por você. Se você for leal ao suprir as necessidades deles, eles serão leais com você. E você será capaz de cobrar um preço justo em qualquer clima econômico.

SEU NEGÓCIO

Definir seu negócio sempre parece muito simples — mas não é. Defini-lo bem permite que você se diferencie da concorrência. Uma definição clara o ajudará a alocar seus recursos de maneira singular para servir seus clientes. Você conquistará clientes de maneiras novas e incomuns.

Pense na Harley-Davidson. A que setor ela pertence? Talvez ao de "motocicletas". Ou "grandes motocicletas de passeio". Mas observe todos os eventos Harley que a empresa patrocina. Talvez esteja, na verdade, no ramo de "entretenimento". Qualquer uma dessas definições de negócio poderia fazer sentido e fornecer orientação para o crescimento futuro. No entanto, a Harley-Davidson já foi propriedade da AMF, um grande conglomerado de artigos esportivos. Junto com as motocicletas Harley-Davidson, a AMF fabricava bolas de vôlei, motores de barco e pistas de boliche! Que verdadeira necessidade de consumo unia todos esses produtos? Nenhuma! Isso acabou se revelando no desempenho da empresa. Sozinha, a Harley-Davidson tem absoluta clareza sobre o setor em que se encontra.

Você se lembra da Beatrice Company, na década de 80? Era proprietária dos lustres Stifle e de uma fábrica de salsicha. Faça-me o favor! Nesse caso, a empresa simplesmente quebrou.

Saber de que se trata o seu negócio é uma forma duradoura, viável e orientada ao cliente de assegurar a seus investidores um retorno maior por seu investimento.

OS BENEFÍCIOS QUE VOCÊ OFERECE AOS CLIENTES

Na verdade, os clientes não se importam se você está em um determinado negócio. Não deveriam se importar. Seu enfoque deve ser dar-lhes razões para se importar com as vantagens de seu produto.

O ato de comprar começa com a necessidade do cliente. Quando o cliente resolver suprir tal necessidade, por que escolherá o seu produto? Responder a essa pergunta fará com que seu foco se dirija para o local de contato com seus clientes. Trata-se novamente da sabedoria atemporal de Sun Tzu: onde você

PRIMEIRO PRINCÍPIO

quer lutar por seus negócios? Determine o campo de batalha. A escolha é sua, então decida por um local que seja inerentemente vantajoso para sua empresa.

Se seus custos não são os mais baixos do seu setor, não escolha preços baixos. A Sears e o Kmart fizeram isso e perderam porque tinham custos altos.

Se seu pessoal não é o melhor nem o mais motivado, não escolha atendimento ao cliente. A Howard Johnson fez isso — se você não se lembra do nome, a empresa administrava hotéis e restaurantes. Seu atendimento ao cliente não era especial.

Se não puder encontrar nada que o diferencie dos concorrentes, escolha algo e faça de sua organização a melhor de todas neste "algo".

A PREFERÊNCIA DO CLIENTE POR SEUS PRODUTOS E SERVIÇOS

Esta é a prova de fogo do posicionamento. Afinal de contas, de que se trata sua empresa? Quando chega a hora de ir a fundo, aonde você vai?

Por que tantas pessoas botam a mão no fogo pelos computadores Dell? Na verdade, não é possível vê-los expostos em lugar nenhum. Eles usam os mesmos processadores que todos os demais. O preço parece justo, mas existem computadores mais baratos. Algo no serviço geral da Dell e em sua posição de confiabilidade faz com que as pessoas se tornem fãs.

O posicionamento da Dell leva seriamente em conta o atendimento ao cliente — e os clientes dão à empresa grande crédito por seus serviços.

Ser um fornecedor valioso por toda a vida vai além de fornecer um produto ou serviço. É preciso agradar o cliente. O que quer que o torne um fornecedor especial deve responder à pergunta do cliente: "O que este produto faz por mim?"

O cliente é a força que impulsiona o seu negócio. Pense nos problemas do seu cliente e em como resolvê-los — esqueça dos seus problemas.

IDÉIAS SIMPLES, EXECUTADAS COM ENTUSIASMO, TENDEM A FUNCIONAR

A simplicidade fortalece muitas boas idéias. Se uma idéia é simples, tanto os empregados quanto os clientes podem entender. Cada parte da sua organização pode ser utilizada em uma idéia simples.

SUN TZU: ESTRATÉGIAS DE MARKETING

Como a simplicidade diferencia sua empresa e constrói um futuro? Criando uma força superior que sua concorrência não pode copiar. Uma execução simples seguida de outra execução simples acrescenta forças que seus competidores podem ter dificuldade de imitar.

A Southwest Airlines fornece um bom serviço. É conhecida por trabalhar sem atrasos. Seus funcionários proporcionam um ótimo atendimento. Muitas pessoas preferem a Southwest do que seus concorrentes.

A companhia aérea JetBlue vem criando esses mesmos sentimentos.

O que essas duas companhias aéreas fazem? Elas vivem sua missão em toda a força de trabalho; todos estão envolvidos em fazer com que os aviões decolem no horário e com que os clientes sejam bem atendidos. Em algumas áreas, no entanto, elas fazem menos:

- Voam com uma variedade menor de aeronaves.
- Servem menos refeições.
- Têm estruturas de tarifas menos complicadas e oferecem menos descontos sobre as tarifas fornecidas.

Nesses setores, o menos é mais. Essas companhias aéreas apresentam poucas áreas problemáticas. Você já ouviu alguém reclamar da comida na Southwest? Não, já que a Southwest não serve refeições. Você já ouviu alguém reclamar sobre o assento a que foi designado na Southwest? Não, a Southwest não tem poltronas marcadas. Você ouve pessoas reclamando de atrasos na Southwest? Não chega perto do número de pessoas que reclamam em outras companhias aéreas; operar com apenas um tipo de aeronave contribuiu para um ótimo desempenho em termos de pontualidade — e menores custos operacionais.

A Southwest e a JetBlue não oferecem o melhor programa de milhagem. Elas não têm vôos para muitos destinos. Mas, com certeza, estão conquistando a lealdade dos clientes.

Atualmente, o Wal-Mart é a maior empresa do mundo. Pesquisa após pesquisa, os clientes dizem que não gostam de seus serviços, e não gostam das condições de suas lojas. Os clientes do Wal-Mart não gostam do congestionamento nos estacionamentos das lojas. Eles gostam apenas de uma coisa: dos preços.

O sucesso do Wal-Mart foi construído sobre a percepção dos clientes de que a empresa oferece bons preços em tudo desde cortadores de grama até detergentes e calças jeans. Por meio de uma combinação de eficiência logística

PRIMEIRO PRINCÍPIO

e habilidade tecnológica, o Wal-Mart é capaz de trazer seus produtos dos armazéns e das prateleiras até seus clientes a um baixo custo. Nessas áreas, o Wal-Mart prospera e cresce.

O Wegmans Food Markets é popular no nordeste dos Estados Unidos entre os clientes que gostam de cozinhar ou de comer. Com o tempo, a empresa construiu esta imagem — um programa por vez. As áreas de alimentos prontos são um exemplo. Primeiro, o Wegmans ofereceu comida chinesa, preparada dentro das lojas, de forma legítima. A seguir, ofereceu refeições quentes para viagem em algumas lojas. Com o tempo, após certa experimentação, isso funcionou. Mais tarde vieram os quiosques de pizza de qualidade dentro das lojas. Depois disso, sublojas. Ainda mais tarde, confeitarias francesas foram instaladas para oferecer sobremesas. Trata-se de uma execução simples seguida de outra execução simples, todas direcionadas (e relevantes) aos mesmos consumidores.

OS CLIENTES ESTÃO FAZENDO SACRIFÍCIOS PARA COMPRAR SUA MARCA?

O melhor indicador de lealdade é o fato de seus clientes fazerem um esforço específico para comprar sua marca. Como se pode identificar se os clientes estão fazendo sacrifícios por sua marca? Não grandes sacrifícios, mas pequenas inconveniências no dia-a-dia.

Se você é varejista, os consumidores estão dirigindo um pouco mais para comprar em suas lojas — talvez passando por um concorrente para chegar até você? Se a resposta for sim, você está conquistando a lealdade dos clientes.

Se você é um fabricante de bens de consumo, seus clientes finais passam direto pelos produtos da concorrência e vão até o seu? Seus clientes trocariam de loja para conseguir produtos da sua marca? Se a resposta for sim, você está desenvolvendo a lealdade dos clientes.

Se você é um comerciante B2B*, seus clientes estão dispostos a pagar mais por seu produto do que pelo produto do concorrente? Se a resposta for sim, você está desenvolvendo a lealdade dos clientes.

Sandy Beal, CEO dos restaurantes Ruby Tuesday, diz que seu credo quanto ao atendimento ao cliente é: "A resposta é sim. Agora, qual é a pergunta?"

---

* N. do T.: *Business-to-business* — Diz-se do *e-commerce* realizado entre empresas.

DESCUBRA O QUE O CLIENTE PENSA

Não estabeleça prioridades de acordo com as suas necessidades. Não tente adivinhar as prioridades do cliente. Pergunte ao cliente quais são as prioridades dele, e priorize suas ações de acordo com as necessidades do seu cliente. Conversar regularmente com os clientes é uma questão de bom senso e não custa muito.

Nos hotéis Hyatt, os executivos tornam-se carregadores e garçons durante uma semana por ano com o objetivo de se aproximar do cliente. Nos seminários para gerentes de produto da Procter & Gamble, um dia inteiro é usado em conversas com os clientes nas lojas. Por que ações como essas não são comuns e as pessoas sempre ficam surpresas com aquilo que aprendem ao conversar com os clientes?

Os profissionais de marketing sabem para onde aponta o futuro do negócio porque conhecem os clientes.

Não entre na rotina de corrigir os mesmos problemas dos clientes repetidas vezes. Organize as informações obtidas dos clientes em relação às falhas de forma que sua organização possa usá-las para aprimorar seu desempenho. A melhoria contínua, orientada pelos comentários dos clientes, é um componente fundamental do bom marketing.

Se aquilo que está fazendo não traz benefícios reconhecidos pelos clientes, pare de fazê-lo. Esqueça o dinheiro que gastou para fornecer o produto ou serviço. Não importa se você sempre fez isso. O que importa é aquilo que o cliente quer.

Explore com seus clientes quais são as falhas de sua empresa (eles provavelmente ficarão felizes só por você ouvi-los!). Transforme o problema em algo positivo, mostrando aos seus clientes que sua empresa é compreensiva.

Sem a lealdade dos clientes, sua empresa não tem uma fonte segura de lucros futuros. Tudo começa com seus clientes.

É simples, mas é verdadeiro: clientes felizes sempre retornam.

Segundo Princípio
Organização da Inteligência

*Na guerra, é necessário
obter o nome do líder inimigo
e conhecer sua capacidade,
para calcular quais serão seus planos
e fazer uso dessa informação
para obter sucesso sem grande dificuldade.*

— "Wu Chi sobre *A Arte da Guerra*"
Século III a.C.

SUN TZU: ESTRATÉGIAS DE MARKETING

> *ESTRATEGICAMENTE*
> A inteligência reduz a surpresa e torna os planos mais concentrados.
>
> *TATICAMENTE*
> A inteligência ajuda a assumir riscos calculados.

Conheça o mercado tão bem quanto conhece a si mesmo.

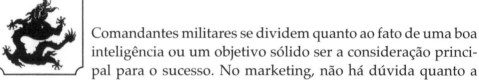

Comandantes militares se dividem quanto ao fato de uma boa inteligência ou um objetivo sólido ser a consideração principal para o sucesso. No marketing, não há dúvida quanto a isso. Esta história, repetida com freqüência, sobre uma ração para cachorros que não está vendendo, diz tudo: em uma reunião entre funcionários internos para determinar por que a ração não está vendendo, várias razões são apresentadas. Um burocrata diz que a embalagem é ruim; outro culpa uma propaganda malfeita. Todos os tipos de fraquezas imagináveis são sugeridas. Finalmente, alguém que esteve no mercado aponta que o verdadeiro motivo para a ração não estar vendendo é que *os cachorros não gostam dela*. A lição: o mercado é a melhor fonte de informações. A pesquisa de mercado é a ferramenta que ajuda a definir o mercado para seus produtos e serviços.

O manual de campo alemão *Comando de Tropas* diz: "A confusão em relação à situação é normal. Raramente saberemos os detalhes exatos do inimigo. Embora a tentativa de descobrir mais sobre ele seja natural, esperar por notícias em uma situação ruim é um péssimo erro".

Um bom sistema de inteligência formal e informal, aliado a boas práticas de marketing, o coloca em uma posição de gerenciar riscos em vez de assumi-los.

SISTEMAS DE PROCESSAMENTO DE INFORMAÇÃO

Organizar, sintetizar e disseminar informações é um grande problema em toda empresa. A maioria delas sofre de um mal chamado "ilhas de informação". Muitas pessoas sabem muitas coisas, mas não existe nenhum sistema que reúna tudo isso para possíveis verificações e aplicações em objetivos específicos.

SEGUNDO PRINCÍPIO

A incerteza cerca muitas das questões que desafiam o líder direcionado ao consumidor. O antídoto para a incerteza é ter informações relevantes. Entretanto, receber mais informações exige mais tempo de processamento, e nem todas as informações são úteis. Uma quantidade excessiva de informações pode dificultar a separação entre aquilo que é útil e o que é inútil.

A solução final é uma combinação de:

- Estruturas que dimensionem a tomada de decisão
- Boas informações em todos os níveis
- Investigação pessoal por parte do responsável pela decisão final
- Uma predisposição para agir de acordo com as informações recebidas

Com bons sistemas de inteligência, tornamos visível o que era invisível. Uma estratégia bem-sucedida precisa de boas informações. Boas informações são um produto da boa inteligência. Quaisquer que sejam os alertas sobre o futuro, nós já os recebemos. Análises de grandes eventos provam essa máxima. Necrópsias realizadas depois do desastre do World Trade Center e da explosão da espaçonave *Columbia* indicam que informações fundamentais foram negligenciadas. Devemos verificar os dados antes de qualquer incidente para determinar quais informações são importantes e assumir uma atitude preventiva.

Se você tentar tornar um computador mais inteligente ao inserir mais informações, levará mais tempo para ele processar as informações e fornecer uma resposta. Apesar de o cérebro ter mais componentes que um computador, ele é mais lento. E assim como o computador, o cérebro pode sofrer de sobrecarga de informações.

No caso dos computadores, a solução para a necessidade de uma capacidade maior é dividir o problema em segmentos e observar cada segmento separadamente. Com pessoas, a solução é uma descentralização similar: dividir o problema e fazer com que as decisões sejam tomadas pelas pessoas em cada nível em vez de enviar todas as informações para o topo, onde tudo ficará sobrecarregado no cérebro do líder.

Organizar suas informações ajuda a obter flexibilidade para ajustar seu plano ao mundo real. Como as informações se relacionam com os objetivos críticos que você está tentando alcançar? Como é possível monitorar eventos inesperados e as atitudes do seu concorrente?

A má organização dessas informações faz com que você e sua empresa fiquem analisando dados que não são relevantes. Você perde tempo e oportunidades.

SUN TZU: ESTRATÉGIAS DE MARKETING

Informações precisas são a base da estrada que leva ao sucesso empresarial. Primeiro, você decide quem você quer que sejam seus clientes. Depois, verifica as necessidades e os desejos desses clientes. Descobre quais dessas necessidades você pode suprir, e faz isso melhor do que qualquer outro. Perceba a necessidade de informação nessa ilustração simplificada da estrada até o sucesso.

Inteligência não é espionagem. Apenas uma pequena porcentagem do orçamento da CIA é destinada a operações secretas. Muito do que você quer saber já está disponível ou pode ser descoberto ao ouvir os seus clientes.

SEGUNDO PRINCÍPIO

Faça uma Avaliação Minuciosa

*Para fazer uma avaliação
do resultado de uma guerra,
é preciso comparar as várias condições
dos lados antagônicos.*

— Sun Tzu

AVALIE SUA OPORTUNIDADE DE MERCADO

Sun Tzu lista cinco fatores de avaliação com equivalentes no gerenciamento de marketing moderno:

1. *Influência moral*. Grandes estratégias fluem de visões e missões com forte fundamento moral. Com freqüência, a vitória está do lado daquilo que é certo.

2. *Clima*. Todo plano de marketing deve considerar a influência de forças externas, tais como as condições econômicas, a regulamentação do governo, as circunstâncias políticas e o meio ambiente.

3. *Terreno*. Os "oito Ps" abrangem onde e como você aborda o mercado: planejamento, pessoas, produtos, posicionamento, promoção, persuasão, venda pessoal e preço.

4. *Comandante*. Sun Tzu expressa a importância da sabedoria, da sinceridade, da benevolência, da coragem e da rigidez (disciplina). Essas mesmas qualidades pessoais são importantes hoje. O líder forte, que transmite uma forte visão, prevalece.

5. *Doutrina*. As crenças e valores centrais dos líderes formam a cultura da organização. Em geral, uma estratégia não pode matar uma cultura, mas uma cultura pode matar uma estratégia.

ANÁLISE PONTOS FORTES, PONTOS FRACOS, OPORTUNIDADES E AMEAÇAS

A necessidade de estudo e avaliação minuciosos antes da batalha é freqüentemente ignorada por causa da pressa de agir. Uma análise interna e externa gera o fundamento para uma declaração clara e por escrito da visão e missão da organização.

Se você trouxer alguém de fora para resolver um problema ou ajudar sua organização a crescer, a primeira coisa que essa pessoa terá de fazer é conduzir uma avaliação. Isto é, ela terá de descobrir o que está acontecendo e o que não está acontecendo internamente, e descobrir quais fatores externos críticos no mercado afetam seu produto ou serviço.

Aqui estão algumas perguntas comumente usadas em uma avaliação interna:

- Quais são as maiores preocupações (grandes desafios) que esta organização enfrenta?
- Se você pudesse mudar qualquer coisa, o que mudaria em sua empresa e/ou função?
- O que as pessoas devem e não devem fazer?
- Quanta liberdade as pessoas têm para experimentar novas idéias, e elas podem cometer erros?
- Do que você tem mais orgulho na sua empresa, na sua área, e em si mesmo?
- Como estão se dando as principais relações funcionais?
- Se você e os demais estivessem trabalhando melhor como equipe, o que estaria acontecendo de diferente?
- Se tivesse de descrever sua empresa como um animal — fera, peixe ou ave —, que animal seria?

Quase cem anos atrás, um general perspicaz escreveu: "Por que os oficiais sempre querem mover o quartel-general para a retaguarda? Eles dizem que assim podem ter uma visão melhor do que está acontecendo. Tudo o que conseguem ver é o que está acontecendo à volta deles!"

A tendência de vermos apenas o que está à nossa volta, ou aquilo que nos é fornecido, ainda é verdadeira. Avaliações e questionários organizacionais podem revelar novas informações, ameaças e oportunidades.

SEGUNDO PRINCÍPIO

Qualquer plano de marketing deve ser precedido de uma análise SWOT. A sigla significa pontos fortes (*strengths*), pontos fracos (*weaknesses*), oportunidades (*opportunities*) e ameaças (*threats*).

Análise interna:

- *Pontos fortes*: competências internas essenciais que levam a vantagens competitivas.
- *Pontos fracos*: características internas que limitam a eficácia da sua organização.

Análise externa:

- *Oportunidades*: questões externas que indicam novas áreas nas quais utilizar recursos para melhorar o desempenho da organização.
- *Ameaças*: áreas externas de preocupação que podem afetar direta ou indiretamente o seu negócio.

Essa análise fornece a base para as discussões que determinam os principais impulsos estratégicos da sua organização.

O Conhecimento É uma Força de Marketing

Daí o ditado:
conheça o inimigo e conheça a si mesmo,
e sua vitória nunca estará em perigo;
conheça o clima e conheça o terreno,
e então sua vitória será completa.

Agora, o comandante que marca mais pontos durante os cálculos no templo, antes da guerra, terá maior probabilidade de vitória. O comandante que marca menos pontos durante os cálculos no templo, antes da guerra, terá menos chance de sucesso. Com muitos pontos, é possível vencer; com poucos pontos, não é. Que chance ínfima de vitória tem alguém que não consegue nenhum ponto! Ao examinar a situação por esses aspectos, posso prever quem deve vencer ou perder.

— Sun Tzu

"Sempre que tomei uma decisão, ou adotei uma alternativa, foi depois de estudar todos os fatores relevantes — e muitos irrelevantes. Geografia, estrutura tribal, religião, costumes sociais, linguagem, desejos, padrões — tudo estava na ponta dos meus dedos. Eu conhecia o inimigo quase como conhecia meu próprio lado. Arrisquei-me em meio deles cem vezes para aprender."

— T. E. Lawrence, 1933

Um coronel da Equipe de Generais Alemães escreveu: "O homem que não está contínua e ininterruptamente estudando a si mesmo e treinando a própria mente não ouviu um só sussurro da dinâmica da nossa vida".

SEGUNDO PRINCÍPIO

APRENDA COM A EXPERIÊNCIA
DOS OUTROS

"A mais importante de todas as lições que a história tem a oferecer é que os homens não aprendem muito com as lições de história."

— Aldous Huxley

Todos os grandes comandantes ganharam porque olhavam ao mesmo tempo para a frente *e* para trás. Olhavam para trás e avaliavam as atitudes de seus predecessores em circunstâncias similares. Ao olhar para a frente, esses comandantes usaram essas informações para desenvolver estratégias e táticas que alcançaram seus objetivos. Eles não copiaram; eles aprenderam. A cópia deixa passar sutilezas que são muito importantes para o sucesso. Muitos negócios são do tipo "eu também". Copiar os concorrentes pode levá-lo na direção errada.

Ao falar de oficiais que confiam apenas na experiência prática, Frederico, o Grande, disse: "O comissariado do exército prussiano tem duas mulas que serviram durante 20 campanhas — mas ainda são mulas".

Bismarck disse: "Os tolos dizem que aprendem com a experiência. Eu prefiro aprender com a experiência dos outros". Para o profissional de marketing, as lições militares fornecem uma nova abordagem. A mente comercial pode utilizar os conceitos para desenvolver estratégias vencedoras. Como o exército e os negócios compartilham uma linguagem estratégica comum, as lições militares podem ser facilmente transformadas em lições comerciais. O processo de aplicar as experiências de outros setores ao nosso próprio setor traz novos *insights* que levam a novas soluções.

As lições para os profissionais de marketing são encontradas em estudos de caso, conferências e livros. Estabeleça, para você e sua equipe, uma estratégia para aumentar o seu conhecimento de marketing. Quando encontrar um bom livro, dê um exemplar a cada membro de sua equipe. Aprendi que uma boa maneira de deixar as pessoas interessadas pelo livro é passá-lo de mão em mão durante uma conferência e pedir que cada pessoa leia uma página em voz alta até que tenham sido lidas as primeiras 20 páginas. Isso leva as pessoas à idéia central do livro e aumenta a possibilidade de lerem mais.

SUN TZU: ESTRATÉGIAS DE MARKETING

Uma Boa Pesquisa É Essencial

*A razão pela qual
o soberano iluminado e o general sábio
conquistam o inimigo sempre que se movem
e suas conquistas ultrapassam
as conquistas dos homens comuns
é que eles fazem previsões.*

Essa "previsão" não pode ser obtida dos espíritos, nem dos deuses, nem por analogia com eventos passados, nem por qualquer cálculo dedutivo. Deve ser obtida dos homens que conhecem a situação do inimigo.

Para isso, usam-se espiões, dentre os quais existem cinco tipos: espiões nativos, espiões internos, espiões disfarçados, espiões descobertos e espiões sobreviventes. Quando todos esses cinco tipos de espiões estão trabalhando e ninguém conhece seu método de operação, trata-se de uma situação divinamente intricada e que constitui o maior tesouro de um soberano.

1. Espiões nativos são aqueles que empregamos e que fazem parte da nação inimiga.
2. Espiões internos são oficiais inimigos que empregamos.
3. Espiões disfarçados são espiões inimigos que empregamos.
4. Espiões descobertos são aqueles dentre nossos próprios espiões que recebem deliberadamente informações falsas com o objetivo de reportá-las.
5. Espiões sobreviventes são aqueles que retornam do campo inimigo para relatar informações.

- De todos aqueles no exército próximos ao comandante, ninguém é mais íntimo do que os espiões.
- De todas as recompensas, nenhuma é mais liberal do que aquelas dadas aos espiões.
- De todos os assuntos, nenhum é mais confidencial do que aqueles relacionados às operações de espionagem.

SEGUNDO PRINCÍPIO

Aquele que não é sábio não pode usar espiões. Aquele que não é humano e genero-
so não pode usar espiões. E aquele que não é delicado e sutil não pode receber deles
a verdade. Realmente delicado! Verdadeiramente delicado!

— Sun Tzu

Algumas previsões são corretas.
- A visão de Julio Verne sobre uma viagem até a lua chegou perto da verdadeira situação da Apollo 11. Verne descreveu o tamanho apropriado da tripulação, com três pessoas, o local de lançamento, na Flórida, e estimou o tamanho da espaçonave, errando por apenas 45 centímetros.

Algumas são erradas.
- O presidente da IBM, Thomas J. Watson, fez uma previsão, em 1943, de que haveria espaço no mercado mundial para "cerca de 5 computadores".
- O renomado cirurgião Alfred Velpeau descartou a anestesia, em 1839, quando disse: "Bisturi e dor são duas palavras que sempre devem ser associadas, na cirurgia".

Von Clausewitz disse: "Uma grande parte das informações obtidas na guerra é contraditória, uma parte ainda maior é falsa, e a maior parte de todas é duvidosa".

UM BOM
PROGRAMA DE PESQUISA
O MANTÉM INFORMADO

As organizações bem-sucedidas dos Estados Unidos tratam a pesquisa como um bem corporativo porque ela ajuda a tornar a comercialização mais eficiente e eficaz. A FedEx é resultado de uma pesquisa de mercado — o fundador, Fred Smith, escreveu um trabalho de faculdade sobre sua idéia e transformou-a em uma empresa de sucesso. Seu professor de Yale escreveu: "O conceito é interessante e bem formado, mas para obter uma nota melhor que C, a idéia deve ser possível".

Um bom analista de pesquisas pode ter o azar de visualizar más notícias antes dos outros — e deve defender suas conclusões. A pesquisa exige os conhecimentos de três profissões:

SUN TZU: ESTRATÉGIAS DE MARKETING

1. *Detetive:* Para determinar com exatidão o que o cliente quer e encontrar os dados brutos.
2. *Analista:* Para fazer a análise. Isso inclui perceber a tendência do responsável pela decisão.
3. *Político:* Para acompanhar a análise e rebater de maneira efetiva as objeções inválidas do responsável pela decisão.

Na verdade, confrontar administradores seniores quando a informação é negativa pode ser um trabalho árduo. É muito difícil encontrar verdades essenciais e fazer com que sejam recebidas pelos responsáveis pelas decisões. O inimigo engloba aqueles que dizem aos administradores o que eles querem ouvir. É muito triste ouvir alguém rejeitar as informações ao fazer comentários que negam o valor desse conhecimento. Os dados da pesquisa de marketing se concentram em discussões sobre aquilo que os clientes desejam — não aquilo que a administração acredita que os clientes desejam. Os "fatos" originados da pesquisa da mente do consumidor estão sujeitos às interpretações (inclusive às equivocadas) baseadas na tendência pessoal de quem está ouvindo.

As discussões administrativas baseadas em pesquisas focadas no cliente podem facilitar uma mudança organizacional.

Na organização Coach, a fabricação de novos produtos e acessórios em couro é determinada por pesquisas de consumidor. A empresa gasta cerca de dois milhões de dólares anualmente nesse tipo de pesquisa. Além de perguntas sobre estilo e conforto, pede-se que os consumidores avaliem novos designs em relação aos itens já existentes. Finalmente, os produtos são testados em lojas antes do lançamento nacional.

O benchmarking é uma metodologia de pesquisa útil, que enfatiza o aprendizado com organizações que tenham os mesmos processos. A meta é obter a superioridade no processo.

SEGUNDO PRINCÍPIO

Conheça Seu Mercado

*A maior responsabilidade do general é
pesquisar a natureza do terreno com o maior cuidado.*

*É necessário que o general sábio faça avaliações precisas da situação do inimigo
para criar condições que levem à vitória e para calcular as distâncias e o grau de
dificuldade do terreno.*

*Aquele que conhece essas coisas e as aplica na batalha definitivamente vencerá.
Aquele que não as conhece e, portanto, é incapaz de aplicá-las, definitivamente perderá.*

*Aquele que ignora a disposição dos Estados vizinhos não pode fazer aliança
com eles; se ignorar as condições das montanhas, florestas, desfiladeiros perigosos, pântanos e fronteiras, não pode conduzir a marcha de um exército; se não
utilizar guias nativos, não pode extrair as vantagens do terreno.*

— Sun Tzu

Frederico, o Grande, escreveu nas *Instruções para Seus Generais*: "Se não estiver em tempo de guerra, visite os lugares, escolha os campos, examine as
estradas, e converse com os prefeitos das vilas, os açougueiros e os fazendei-
ros. É preciso se familiarizar com as trilhas, a profundidade das florestas, a
natureza, a profundidade dos rios, as fronteiras que podem ser cruzadas e as
que não podem..."

CONHEÇA AQUILO QUE
O MERCADO DESEJA HOJE
E AMANHÃ

Encontrei as melhores informações sobre "o mercado" quando penetrei nas
camadas de administração das organizações dos meus clientes e entrei em
contato com as pessoas na linha de frente. Essa penetração me levou até o
cliente do meu cliente — e me trouxe idéias úteis para uma nova ofensiva.

A melhor maneira de realizar a ofensiva é passar tempo "frente a frente"
com seus melhores clientes atuais e potenciais no local onde os negócios são
realizados. Isso o coloca na posição de dono da situação.

SUN TZU: ESTRATÉGIAS DE MARKETING

Observe qualquer organização varejista de sucesso. Onde os líderes da empresa passam a maior parte do seu tempo? Nas lojas, ouvindo o que seus funcionários e clientes estão dizendo. Esses líderes querem ver como seus programas e procedimentos são implementados no nível da loja, para que ajustes possam ser feitos conforme a necessidade.

Os clientes estão dispostos a gastar dinheiro (e tempo) nos produtos e categorias que são realmente importantes para eles. No século XIX, o americano comum gastava 50% de sua renda com alimentação. Hoje, ele gasta menos de 10%. Onde os clientes estão gastando os 40% restantes? Onde querem. O milionário comum gasta apenas 3.800 dólares a mais em um carro novo que o americano comum. Essa não é uma grande diferença quando levamos em consideração as diferenças no poder de compra.

Os clientes gastarão seu dinheiro em áreas que são importantes para eles. Por exemplo, um taxista de Boston que conheci comprava apenas comida orgânica e almoçava apenas em restaurantes orgânicos! Ele é um grande cliente-alvo da indústria de alimentos orgânicos.

Conhecer seu cliente não se trata apenas de saber seus dados demográficos e como é seu cliente "médio". Tom Peters, co-autor de *A Busca do Uau!*, chama a observação pessoal de "gerenciar andando por aí". Na profissão de marketing, é mais uma questão de "gerenciar chafurdando por aí". Trata-se de um processo que pode agrupar as pessoas independentemente da posição que apresentam nas observações de dados e informações. Essas "verificações a fundo" devem ser programadas regularmente, com objetivo de ver o mundo real como ele é e será.

A observação e análise respondem a essas questões simples:

1. O que está acontecendo?
2. O que não está acontecendo?
3. O que eu gostaria que estivesse acontecendo?
4. O que posso fazer para mudar as coisas?

O objetivo não é tomar uma decisão imediata, mas sentir o mercado para que os dados possam ser compreendidos durante a análise dos relatórios de campo. Nada substitui "conhecer os seus clientes", ter intuição do que realmente desejam e por que desejam.

O primeiro parágrafo de qualquer plano deve sempre ser dedicado às necessidades do cliente.

SEGUNDO PRINCÍPIO

Prepare uma
Análise Competitiva

*Para prever o resultado de uma guerra,
os atributos dos lados antagônicos devem ser analisados.*

Faça as seguintes comparações:

1. *Qual soberano possui maior influência moral?*
2. *Qual comandante tem mais capacidade?*
3. *Que lado possui mais condições favoráveis de clima e terreno?*
4. *Em quais dos lados os decretos são melhor implementados?*
5. *Que lado é superior em armas?*
6. *De que lado os oficiais e homens são melhor treinados?*
7. *Que lado é mais rígido e mais imparcial ao atribuir recompensas e punições?*

Por meio desses sete elementos, posso prever a vitória ou a derrota.

Se o soberano prestar atenção a esses meus estratagemas e agir de acordo com eles, ele certamente vencerá a guerra, e, portanto, eu ficarei com ele. Se o soberano não prestar atenção nem agir de acordo com eles, certamente sofrerá uma derrota, e eu partirei.

— Sun Tzu

DÊ UMA OLHADA.
DÊ UMA
BOA OLHADA!

Quando o Marriott projetou o Fairfield Inns, queria um produto que vencesse a concorrência. Equipes foram enviadas para averiguar os quartos de hotel dos concorrentes. As informações obtidas dos *headhunters* que contratavam o novo pessoal revelaram o salário, o treinamento e o pacote de benefícios dos concorrentes.

CONHEÇA SEUS CONCORRENTES
COMO ORGANIZAÇÃO E COMO PESSOAS

Aqui estão maneiras de "garimpar" informações.

Perfil Competitivo

A melhor análise competitiva não visa apenas à empresa, mas também às características dos principais responsáveis pelas tomadas de decisões. Quando você realmente entende seu concorrente como pessoa, fica mais fácil prever suas futuras ações. Sua batalha é travada entre duas inteligências humanas, e não dois grupos corporativos.

Observe as questões competitivas e as personalidades. O que aconteceu em circunstâncias anteriores? Observe as personalidades em termos de antecedentes e experiências — onde aprenderam a administrar; o que fizeram em situações similares?

Nos exércitos do mundo, a inteligência do perfil pessoal é chamada de "ordem de batalha". Ela explora as características pessoais dos comandantes adversários. É possível ver os efeitos das personalidades nas pegadas pesadas de novos gerentes seniores.

Comparações Competitivas

Esta análise revela pontos fortes, pontos fracos e custos dos concorrentes. Seus clientes comparam seus produtos e serviços com os de seu concorrente. Você também deve fazer comparações similares para atingir superioridade competitiva.

Mentalmente, coloque-se na empresa de um concorrente e escreva uma breve análise da "sua empresa". Com base nesse documento, elabore um modelo para analisar seus principais concorrentes.

É por meio da análise das informações competitivas que você determina como e onde pode penetrar no mercado. Essas informações dizem muito sobre o que você pode e não pode fazer.

Ao se comparar com seus concorrentes, a análise resultante deve revelar vantagens comparativas que são os critérios principais para elaborar uma estratégia concentrada em seus pontos fortes.

Alguns gerentes mantêm anotações de todas as informações e relatórios de preços obtidos em campo. Isso os ajuda a desenvolver uma perspectiva

SEGUNDO PRINCÍPIO

sobre as tendências. Esses dados podem ajudar a convencer a administração sênior da necessidade de mudança ou contradizer relatórios errôneos isolados que chegam até o topo da empresa. Tudo faz parte de saber o que está fazendo *e* de dar a impressão que sabe o que está fazendo.

SUN TZU: ESTRATÉGIAS DE MARKETING

Estude os Sinais

Quando se vê que as árvores estão se mexendo,
isso significa que o inimigo está avançando.

- *Quando muita proteção é colocada em arbustos rasteiros, é com o propósito de iludir.*
- *Quando os mensageiros do inimigo falam em termos humildes, mas o exército continua suas preparações, isso significa que ele avançará.*
- *Quando a linguagem é forte e o inimigo avança com arrogância, esses podem ser sinais de que ele recuará.*
- *Quando o inimigo não está em uma situação calamitosa, mas pede trégua, ele deve estar tramando.*
- *Quando carros mais leves saem primeiro e assumem posições nas alas, isso é um sinal de que o inimigo está se formando para a batalha.*
- *Quando suas tropas avançam com velocidade e se organizam em formações, ele espera travar uma batalha decisiva em uma determinada data.*
- *Quando o inimigo vê uma vantagem, mas não avança para aproveitá-la, ele está cansado.*

— Sun Tzu

O mestre encoraja a observação e a análise pessoais.

COMBINE SUA OBSERVAÇÃO
PESSOAL COM
A PESQUISA FORMAL

As falhas nos sistemas de inteligência não são falhas "do sistema", mas dos gerentes que não entendem e utilizam o sistema de maneira errada.

É muito fácil se engajar em conjecturas internas. John Z. DeLorean, antigo executivo da General Motors, famoso por seus comentários iconoclásticos, disse: "Tudo o que os vice-presidentes do grupo fazem é bater papo".

Nada substitui a combinação de dados concretos e observação pessoal. A percepção e o julgamento caminham de mãos dadas. Se quiser fazer bons

SEGUNDO PRINCÍPIO

julgamentos, você deve ter percepções exatas do mercado. Se tiver percepções exatas, poderá fazer bons julgamentos.

Uma única observação é simplesmente um ponto de dados — e é preciso mais do que isso para tomar uma decisão bem informada. Na ausência de dados úteis, os executivos perdem tempo discutindo suas opiniões. Pessoas, e não questões, se tornam o foco da discórdia, resultando em conflitos interpessoais. Os fatos rapidamente direcionam as pessoas para as questões centrais.

O foco primário de informações deveria estar naquilo que o cliente quer e precisa. Um foco aliado deveria estar no produto, com o intuito de criar aquilo que o cliente quer e precisa. O resultado é um casamento bem-sucedido de informação e ação. A armadilha está em pensar no marketing apenas em termos de produto ou de cliente — os vencedores mantêm o equilíbrio entre o foco no produto e o foco no cliente.

SUN TZU: ESTRATÉGIAS DE MARKETING

Proteja Seus Segredos

*Não existe lugar
onde a espionagem não seja possível.*

É essencial procurar os espiões inimigos que estejam conduzindo uma espionagem contra você e suborná-los para servi-lo. Delicadamente, aconselhe-os e passe suas instruções, depois os mande de volta para casa.

— Sun Tzu

BRINQUEDOS HOJE; AMANHÃ SEUS PRODUTOS?

Hoje, a China fabrica 70% dos brinquedos do mundo e contabiliza cerca de 50% das falsificações apreendidas pela alfândega nos Estados Unidos. O problema piorou com o desenvolvimento dos chamados protótipos rápidos, que realizam uma digitalização tridimensional de um brinquedo e o reproduzem em poucas horas.

Os maiores fabricantes de brinquedo do mundo não participam nem ao menos de exibições na feira de brinquedos de Hong Kong, mas os pequenos fabricantes não têm outra opção. A Mattel realiza suas próprias feiras de brinquedos para distribuidores e varejistas, onde só é possível entrar com convite.

NÃO EXISTE LUGAR ONDE A ESPIONAGEM NÃO SEJA POSSÍVEL

O mundo dos negócios está repleto de pessoas que podem contar como obtiveram informações úteis simplesmente ligando e fazendo perguntas.

Várias pessoas que telefonam para você também entram no campo inimigo.

SEGUNDO PRINCÍPIO

Não confie no fornecedor, no editor, ou em qualquer outro visitante que lhe dê informações sobre seus concorrentes. O visitante que divulga informações sobre o concorrente está fornecendo o mesmo tipo de serviço de espionagem a ele.

No novo mundo de preocupações com o terrorismo, a segurança dos negócios está ainda maior. Entretanto, apesar de ter ficado mais difícil para pessoas estranhas vagarem por seus escritórios, tome cuidado com os "amigos" que fazem negócios com você.

Se não der informações falsas aos seus fornecedores, você pode ao menos tomar atitudes cuidadosas e deliberadas para impedir que saibam o que está se passando no seu negócio.

Algumas informações dentro da sua empresa devem ser compartilhadas de modo que cada um saiba apenas o que precisa saber. Não se trata de não confiar no seu próprio pessoal, mas é preciso saber que sua equipe receberá ofertas para entrevistas de emprego de seus concorrentes. Lembro-me de trabalhar para um presidente corporativo que se mantinha atualizado sobre as atividades da indústria realizando regularmente entrevistas de emprego com executivos seniores das empresas concorrentes.

A espionagem acontece em todos os níveis. Um dono de restaurante conta que seu livro de receitas desapareceu e que um funcionário curioso forneceu seus ingredientes secretos para um concorrente no final da rua.

Quando um dos membros de uma família trabalha para uma empresa e outro membro é funcionário de um concorrente, essa pode ser uma fonte de vazamento de informações táticas, tais como planos de venda semanais e jornais da empresa.

De longe, o maior roubo de segredos corporativos se dá por intermédio do computador e da Internet. Regularmente lemos sobre segredos governamentais que foram roubados e colocados à venda. Por que devemos acreditar que as coisas são diferentes no nosso negócio?

Terceiro Princípio
Manutenção do Objetivo

*Chamamos de método o retorno ao começo
para obter as coisas fundamentais.*

*Chamamos de certo o alcance da eficiência
por meio da prática.*

*Chamamos de planejamento
o impedimento de prejuízos e a conquista da vantagem.*

> — "Wu Chi sobre *A Arte da Guerra*"
> Século III a.C.

> *ESTRATEGICAMENTE*
> O objetivo fornece uma direção principal.
>
> *TATICAMENTE*
> O objetivo é uma meta específica.

Uma intenção clara e um objetivo firme.

 Alguns estrategistas acreditam que o objetivo é o princípio mais importante porque, sem ele, todos os outros princípios ficam sem sentido. O objetivo está entrelaçado com a estratégia.

Em seu livro *Chief Executive's Handbook*, Kenneth Andrews diz que a estratégia combina aquilo que uma empresa

Tem a oportunidade de fazer em termos de alternativas
Pode fazer em termos de recursos e força
Quer fazer em termos de valores e objetivos administrativos
Deve fazer em termos de responsabilidade para com a sociedade

Esses quatro pontos ajudam a determinar seus objetivos e sua estratégia. O objetivo determina "o que", e os outros princípios orientam "como".

Estabeleça seu objetivo desde o começo. O objetivo do negócio deve ser definido de maneira clara, deve ser decisivo e possível de alcançar. As ações devem ser comunicadas claramente e os resultados devem ser mensuráveis.

O OBJETIVO É DEFINIDO DE MANEIRA CLARA

A República Popular da China dá grande ênfase à singularidade da direção. Sua regra é que, estrategicamente, deve haver apenas uma direção principal e, taticamente, deve haver um único objetivo.

Inquestionavelmente, deve haver singularidade de propósito e simplicidade no objetivo. Em uma empresa americana, a regra é que ter mais de um objetivo é o mesmo que não ter objetivo nenhum.

O objetivo deve ser expresso de maneira tão simples que passe no "teste dos

TERCEIRO PRINCÍPIO

3x5". Isso quer dizer que você deve ser capaz de escrevê-lo em uma ficha de 3x5.

O objetivo deve ser expresso em termos específicos e mensuráveis. Você sempre deve saber se atingiu o objetivo ou não ao listar metas que podem ser identificadas. *Melhorar* é um termo muito geral, sem um valor específico e mensurável. *Assim que possível* é vago demais.

O OBJETIVO É DECISIVO

"Apenas grandes batalhas produzem grandes resultados... Persiga um único, grande e decisivo objetivo com força e determinação", diz Clausewitz.

A declaração do objetivo deve visar uma meta que seja estratégica e taticamente significativa. Alcançar seu objetivo deve contribuir significativamente para a realização de seus planos mais amplos — a missão da sua empresa. Existem muitas coisas interessantes que você pode fazer; concentre-se nos objetivos que fazem a diferença. Seu propósito não é meramente concorrer; você quer vencer!

Nas indústrias em que o ritmo dos negócios é acelerado, é possível estabelecer objetivos que representem um aumento substancial nos negócios e resultem em uma perda de fatia de mercado no setor. A solução é se concentrar na obtenção de objetivos decisivos em segmentos novos e emergentes da indústria.

O OBJETIVO É POSSÍVEL

O objetivo deve ser um "esforço" consistente com a capacidade da organização. Objetivos impossíveis podem desestimular. Por outro lado, objetivos fáceis demais são inúteis.

A declaração do objetivo deve permitir que a organização escolha atalhos, contanto que não levem a becos sem saída.

O processo de comunicar o objetivo deve estabelecer as comunicações interativas necessárias para sua realização. Se sua cultura permite que os subordinados digam aquilo que não podem fazer, você tem a oportunidade de estabelecer um diálogo para determinar a exeqüibilidade do objetivo e fazer ajustes na motivação, na orientação e nos recursos.

A razão de se ter um objetivo é deixar claro para onde você está indo para que possa colocar todos marchando na mesma direção. Se seu comando não fornece os meios morais e físicos para alcançar o objetivo, seu objetivo não será alcançado.

A "Manutenção do Objetivo" significa escolher uma direção estratégica ou meta tática e ater-se a ela. Freqüentemente trabalhamos com informações limitadas. Conforme a situação se desenvolve, surge a tentação de mudar os objetivos. Isso confunde e desperdiça tempo e energia. A história nos ensina que a organização mais propensa ao sucesso é aquela que busca consistentemente seu objetivo original.

No Vietnã, era possível identificar 22 raciocínios americanos diferentes, comparado ao único objetivo dos vietnamitas do Norte — a conquista do Vietnã do Sul. Nosso plano visava à próxima batalha; o deles visava anos à frente.

O OBJETIVO É
COMUNICADO DE MANEIRA CLARA

Repetidas vezes, comandantes militares fazem questão que o objetivo seja cuidadosamente formulado pelo comandante e claramente comunicado aos comandantes subordinados, e por estes aos seus subordinados. Todos devem saber para onde estão indo, quando devem chegar e o que devem realizar.

Clausewitz diz: "Depois de decidir ... do que se trata a guerra, e o que pode fazer, a maneira de fazê-lo é facilmente encontrada. Mas seguir o caminho sem erros, levar o plano até o fim, não se distrair milhares de vezes por milhares de estímulos — isso exige força de caráter, segurança e clareza de pensamento".

Há muito tempo, a Neutrogena visualizou um objetivo viável e não hesitou. Cada passo que a Neutrogena tomou visava a posicionar a marca como uma linha coesa de produtos luxuosos e caros de cuidados com a pele. O sabonete foi ofertado aos médicos para ser distribuído como amostras aos consumidores. A Neutrogena deu aos médicos um sabonete suave e seguro; os médicos deram à Neutrogena credibilidade. Para aprimorar essa imagem luxuosa, um programa agressivo de amostras foi realizado em hotéis de luxo. Hoje a Neutrogena tem grande reconhecimento de marca e conquistou uma alta lealdade do cliente.

TERCEIRO PRINCÍPIO

Encontre uma Estratégia Vencedora

Um exército triunfante
não lutará até que a vitória esteja assegurada.

Um exército destinado à derrota
sempre lutará com o oponente primeiro,
na esperança de que possa vencer por pura sorte.

Prever a vitória de maneira equivalente às previsões das pessoas comuns não é o auge da excelência. Também não é o auge da excelência obter a vitória por meio de luta feroz e ouvir, de todo o império: "Muito bem!" Assim, por analogia, erguer uma lebre de outono não significa ter grande força; ver o sol e a lua não significa ter uma boa visão; e ouvir os trovões não significa ter uma audição aguda.

Antigamente, aqueles chamados de habilidosos na guerra conquistavam um inimigo facilmente conquistável. Conseqüentemente, um mestre da guerra obtém vitórias sem mostrar seu brilhante sucesso militar, e sem conquistar a reputação da sabedoria e o mérito do valor. Ele obtém suas vitórias sem cometer erros. Não cometer erros é o que estabelece a certeza da vitória, pois significa que ele conquista um inimigo que já está derrotado.

— Sun Tzu

"A estratégia traz vitórias, mas somente quando coroada pelo sucesso tático no final de cada investida ou série de investidas."

— John G. Burr
The Framework of Battle

ESTRATÉGIA
ANTES DA
TÁTICA

De todas as máximas em *A Arte da Guerra*, "lutar quando a vitória está garantida" está entre as mais significativas e úteis porque expressa claramente que o meio de vencer deve ser determinado antes da batalha. Sem uma estratégia bem planejada anteriormente, lutaremos por um meio de vencer.

Esse conceito da estratégia antes da tática se aplica a todas as situações — pensar vem antes de agir.

Aqui está como a estratégia se difere da tática:

Estratégia é um processo de planejamento.	Tática é um processo de contato.
Estratégia é "guerra no papel".	Tática é a batalha de fato.
Estratégia é fazer a coisa certa.	Tática é fazer as coisas corretamente.
Estratégia é um processo mental.	Tática envolve ação.

- Sempre que está planejando, você está envolvido com a estratégia. A palavra-chave que diferencia tática de estratégia é "contato". Sempre que qualquer pessoa em qualquer nível estiver em "contato" com o cliente, essa pessoa está envolvida com a tática.
- A estratégia lida com a alocação de recursos para a batalha de marketing. Os princípios estratégicos são constantes e não mudam com o tempo.
- A tática lida com o uso de recursos na batalha. Tática é a execução da estratégia no mundo real — e deve ser sempre ajustada às condições atuais. Napoleão disse que um exército não é de boa qualidade a menos que mude de tática a cada dez anos.

O processo de marketing determina a estratégia orientada ao consumidor; o processo de venda determina a tática para oferecer produtos ou serviços ao consumidor final. Se você não desenvolveu sua estratégia (marketing) bem, sua única esperança é ser salvo por uma tática superior (venda ou comercialização).

As melhores organizações desenvolvem marketing e vendas vencedoras. Isso é, fazem seu marketing tão bem que asseguram a vitória, e quando enfrentam forças competitivas, sua venda é tão boa que vencem mesmo assim.

TERCEIRO PRINCÍPIO

Não existe melhor exemplo de estratégia vencedora do que a estratégia do Wal-Mart de instalar lojas de desconto em cidades pequenas e grandes lojas atacadistas em cidades grandes — um exemplo excelente de estratégias complementares que não competem entre si. Ambas vendem marcas com alto reconhecimento a preços baixos.

A história não tolera erros no projeto do plano estratégico principal. A vitória é determinada pela estratégia estabelecida *antes* de entrar no mercado.

A tarefa crítica do marketing é fornecer os conceitos e a comercialização dos produtos que correspondem às necessidades dos clientes.

SUN TZU: ESTRATÉGIAS DE MARKETING

A Excelência Suprema É Vencer sem Lutar

*Geralmente, na guerra, o melhor de tudo
é conquistar o inimigo inteiro e intacto;
arruiná-lo é uma estratégia inferior.*

Capturar o exército inteiro do inimigo é melhor do que destruí-lo; tomar um batalhão intacto, uma companhia ou um esquadrão de cinco homens é melhor do que destruí-los. Assim, obter cem vitórias em cem batalhas não é o auge da habilidade. Subjugar o inimigo sem lutar é a excelência suprema.

- *Portanto, a melhor política na guerra é atacar a estratégia do inimigo.*
- *A segunda melhor maneira é romper as alianças deles por meios diplomáticos.*
- *O terceiro melhor método é atacar seu exército no campo de batalha.*

A pior política é atacar cidades muradas. Atacar cidades é o último recurso, usado somente quando não há alternativa.

São necessários pelo menos três meses para fabricar escudos e veículos blindados e preparar as armas e equipamentos necessários. São necessários pelo menos mais três meses para fazer o cerco em volta dos muros. O general incapaz de controlar sua impaciência ordenará que suas tropas escalem o muro como formigas, resultando na morte de um terço delas, enquanto as cidades permanecem intactas. Essa é a calamidade de atacar cidades muradas.

Portanto, aqueles que são habilidosos na guerra subjugam o exército do inimigo sem lutar. Eles tomam as cidades do inimigo sem atacá-las e derrubam seu governo sem operações demoradas.

O objetivo deve ser tomar, por meio da superioridade estratégica, tudo o que ainda esteja intacto. Assim, as tropas não se cansarão e o triunfo será completo. Essa é a arte de atacar por meio de um estratagema.

— Sun Tzu

TERCEIRO PRINCÍPIO

"O tipo mais elevado de estratégia — às vezes chamada de grande estratégia — é aquele que integra as políticas e os armamentos da nação de modo que o recurso da guerra se torne desnecessário ou seja utilizado com a chance máxima de vitória."

— Edward Meade Earle
Makers of Modern Strategy, 1944

O LADO A VENCER PROVAVELMENTE SERÁ O LADO QUE JÁ VENCEU

Isto é, o lado vencedor terá traçado a estratégia tão bem que o adversário será desencorajado a lutar.

Uma estratégia de negócios que vence sem lutar ou

- Aterroriza os novos concorrentes em potencial para que nunca cheguem a entrar no mercado.

ou

- Derrota a concorrência existente. Em um extremo, a entrada no mercado não é vista como ameaça até que seja tarde; em outro extremo, a execução da estratégia de entrada esmaga a concorrência.

A excelência suprema na estratégia de marketing é atacar os planos do concorrente. A excelência suprema na estratégia de negociação é encontrar um meio para que os dois lados vençam.

Na Suíça, durante a Primeira Guerra Mundial, o General Ulrich Willie levou os suíços à vitória — uma vitória que consistiu em evitar o conflito com sucesso. Novamente, na Segunda Guerra Mundial, o General Henri Guisan levou os suíços à vitória; como alguém disse: "Ganhamos por não travar nenhuma guerra".

Pode-se dizer que a Suíça não tem um exército com civis treinados e preparados fisicamente com armas e munição em suas casas, a Suíça é um exército. As melhores empresas não somente têm um departamento de marketing; elas são exércitos de marketing com atitudes que freqüentemente ganham clientes sem lutar. Você conhece essas empresas, porque são aquelas que você contata para fazer uma compra.

Os grandes varejistas freqüentemente vencem sem lutar. Assim como os

SUN TZU: ESTRATÉGIAS DE MARKETING

invasores mongóis que varreram a Europa, as grandes livrarias, lojas de eletrodomésticos, fornecedores de material de escritório e outros varejistas especializados e de grande porte são conhecidos por devorar uma parte tão grande dos negócios que os pequenos varejistas imediatamente se retiram do mercado. Lembro-me de conversas com um proprietário independente de lojas de ferragens e um livreiro, que sabiam que os gigantes estavam chegando. Nos dois casos, eles previram seu próprio fim. Os sobreviventes nessas "batalhas por clientes" encontraram um nicho de conveniência ou de serviço que atrai um grupo seleto de consumidores.

A principal estratégia de marketing é alcançada com um produto ou serviço que é tão único que não há concorrência para ele. Nessas circunstâncias, considere as seguintes alternativas.

- Coloque o preço do seu produto ou serviço muito alto para maximizar os lucros antes que os outros entrem no mercado. O problema é que a percepção de alto lucro em potencial atrai muita concorrência.

ou

- Coloque o preço do seu produto muito baixo para desencorajar a concorrência. Isto é, gere uma pequena margem de lucro (e uma grande fatia de mercado) que você espera manter por um período mais longo.

Empresas menores freqüentemente visam ao lucro. Empresas maiores, sabendo que possuem recursos para subsidiar, geralmente estabelecem preços que mantenham a concorrência fora do mercado. Tenha em mente que, nos mercados mundiais de hoje, novos concorrentes de custo baixo podem surgir de fontes inesperadas.

TERCEIRO PRINCÍPIO

Procure
Viradas Estratégicas

O comandante
deve criar uma situação útil
além das regras ordinárias.

Por "situação" quero dizer
que ele deve agir de acordo
com aquilo que é vantajoso no campo de batalha
e assim cumprir qualquer exigência.

— Sun Tzu

VIRADAS ESTRATÉGICAS MUDAM O CURSO DA HISTÓRIA

Em 1066, William, duque da Normandia, invadiu a Inglaterra, enfrentando um oponente formidável. Um dos motivos para ter confiança ao assumir tamanho risco foi o fato de ter uma nova maneira de lutar.

Seguindo a tradição, as forças inglesas que possuíam cavalos cavalgaram até o campo de batalha, mas lutaram a pé, enquanto a cavalaria normanda caminhou até o local e então montou para a batalha. Os historiadores discordam quanto ao motivo da vitória dos normandos: se foi a tecnologia relativamente nova do estribo ou a existência de uma cavalaria montada. No entanto, eles concordam que a Batalha de Hastings foi um momento de virada na forma como as batalhas seriam travadas e no curso da história.

Mais tarde, o rifle iniciou outra virada estratégica na forma de lutar. Entretanto, o cavalo era uma plataforma muito instável para o rifle, que se tornou a arma do soldado a pé. Outra virada estratégica se deu quando o conceito de tropas disciplinadas marchando em linhas sólidas cedeu lugar para novas armas e táticas de batalha.

SUN TZU: ESTRATÉGIAS DE MARKETING

OS MERCADOS EVOLUEM; NOVOS PRODUTOS SURGEM; O MUNDO AVANÇA

Esteja ciente das viradas estratégicas — também conhecidas como mudanças de paradigma — que possam afetar seus negócios. Hoje estamos presenciando uma virada na estratégia militar com a importância cada vez maior das forças especiais e dos bombardeios de precisão. Podemos ver o mesmo nas comunicações, com a ascensão da Internet.

Os automóveis retiraram os fabricantes de carroça do mercado. Comerciantes atacadistas, como o Wal-Mart, a Barnes & Noble e a Lowe's, tomam os negócios das pequenas lojas independentes. A mercearia da esquina foi substituída por um supermercado, que agora é ameaçado pelos comerciantes atacadistas. A loja de ferragens foi oprimida pela gigante de artigos para casa.

A virada estratégica pode vir de fora do seu mundo de negócios. A tecnologia criou oportunidades inteiramente novas. A máquina de escrever foi substituída pelo computador, a agenda pessoal deu lugar ao PDA, e a calculadora eletrônica evoluiu fora do setor.

É possível vender para qualquer mercado no mundo, e os concorrentes de qualquer mercado do mundo podem vender no seu. O problema é que a oportunidade de mercado continua mudando, e freqüentemente perdemos a virada estratégica. Lembro-me de ter conduzido uma reunião de planejamento estratégico em uma empresa em que todos tinham feito a lição de casa muito bem. Uma análise competitiva revelou que um dos maiores concorrentes iniciara um novo sistema de distribuição internacional. Embora o padrão emergente de um novo sistema de distribuição estivesse claro para mim, por estar de fora, o grupo de administradores estava concentrado demais no acontecido e não conseguia perceber a virada estratégica em curso. Depois que pedi uma pausa e mudei o foco da discussão, eles viram a ameaça emergente.

Antigamente, todos os computadores eram vendidos por intermédio de varejistas e representantes de venda. Michael Dell deu uma virada estratégica e iniciou a distribuição direta. Centenas de lojas de computadores fecharam.

Uma organização chamada Fotomat tinha milhares de quiosques nas cores amarelo e azul em estacionamentos e ofereciam a revelação de filmes em 24 horas. Foi quando a revelação em uma hora se tornou o segmento de crescimento mais rápido do mercado, e os supermercados e farmácias instalaram seus próprios laboratórios de revelação. Em seguida, veio a câmera digital, e o resto é história.

TERCEIRO PRINCÍPIO

Estabeleça Iniciativas Estratégicas

---

*Persiga seus próprios planos estratégicos
para intimidar o inimigo.*

*Assim será possível tomar as cidades do inimigo
e derrubar seu governo.*

Quando um exército invencível ataca um Estado poderoso, o inimigo fica impossibilitado de reunir suas forças. Isso intimida o inimigo e impede seus aliados de se unir a ele. Assim, não é preciso buscar alianças com outros Estados vizinhos, nem há qualquer necessidade de estimular o poder de outros Estados.

— Sun Tzu

FAZENDO
INICIATIVAS ESTRATÉGICAS
FUNCIONAREM

Os critérios para avaliar uma iniciativa estratégica são

- Ela é consistente com a direção estratégica?

- Representa um desafio alcançável?

- Os recursos estão equilibrados com os objetivos?

- Os resultados farão diferença?

- A responsabilidade pela implementação da iniciativa cabe a um gerente com autoridade suficiente?

SELECIONE INICIATIVAS ESTRATÉGICAS QUE FARÃO DIFERENÇA

É na iniciativa estratégica que você concentrará esforços. Freqüentemente, menos é mais. Isto é, poucas iniciativas concentrarão os esforços, enquanto iniciativas demais dividirão os esforços.

Aqui estão alguns princípios básicos de marketing que devem ser considerados ao estabelecer iniciativas estratégicas. Note que nenhum deles é mutuamente exclusivo. Por exemplo, qualquer coisa que você fizer para aumentar o valor para o cliente pode trazer vantagem competitiva.

Concentração — essa é a base de todo o sucesso de marketing.

- Se você não é um concorrente de larga escala, concentre-se em um segmento, um nicho ou uma porção. A porção de mercado da Jelly Belly foi conquistada pelos sabores das balas de goma.
- Considere segmentar ainda mais o mercado. Ao encontrar segmentos menores, você pode aumentar sua lucratividade.
- Se o preço tem papel importante, o concorrente maior pode ter a vantagem da escala.
- Um negócio mais focado geralmente terá mais sucesso do que um que oferte uma ampla variedade. As pequenas lojas não existem mais — somente os grandes atacadistas sobrevivem.
- Pense em oferecer uma grande variedade no seu nicho. Por exemplo, a Staples prometeu ter em estoque qualquer cartucho de impressora que você precisar.

Valor para o cliente — pense no valor agregado.

- Melhorias na qualidade aumentam a satisfação do cliente e reduzem o custo ao longo do tempo.
- Oferecer um serviço melhor ou uma garantia melhor é outro componente da satisfação do cliente que aumenta a percepção do valor.

TERCEIRO PRINCÍPIO

Vantagem competitiva — pense na diferenciação real.

- Encontrar um novo canal de distribuição pode alterar o campo de batalha.
- Introduzir uma nova tecnologia nos setores de produção reduz o custo nos setores de contato com o cliente. Esse pode ser um ótimo diferenciador.
- Procure fontes de custo mais baixo.

SUN TZU: ESTRATÉGIAS DE MARKETING

Desenvolva um Plano de Ação

Um exército superior em força age
como uma explosão de águas represadas
em um abismo de milhares de braças de profundidade.

Os elementos da arte da guerra são:

1. *A medida do espaço.*
2. *A estimativa das quantidades.*
3. *O cálculo dos números.*
4. *Comparações de força.*
5. *Chances de vitória.*

As medidas de espaço são derivadas do terreno. As quantidades derivam das medidas; os números, das quantidades; as comparações, dos números; e a vitória, das comparações.

Portanto, um exército vitorioso é como um yi balanceado contra um grão, e um exército derrotado é como um grão balanceado contra um yi.

— Sun Tzu

"Em cada círculo e verdadeiramente em cada mesa há pessoas que levam exércitos até a Macedônia. Esses são grandes impedimentos para aqueles que têm a gerência das coisas."

— Citação de um general romano
(Na parede do escritório do
General MacArthur, em Tóquio)

TERCEIRO PRINCÍPIO

USE OS DADOS PARA PLANEJAR VANTAGENS ESMAGADORAS

A primeira regra de um planejamento de marketing é que ele deve produzir resultados efetivos. Se a eficiência fosse decisiva, certamente os contadores e administradores deveriam decidir todas as questões.

Com muita freqüência acreditamos ter planos, quando tudo o que temos, na verdade, são idéias em nossa cabeça. Colocar o plano no papel fornece clareza e direção.

O marketing e as vendas devem trabalhar juntos como uma equipe para desenvolver um plano que leve à estratégia. Os problemas surgem quando o planejamento é separado da execução.

Gil Amelio, CEO da Apple, apontou os seguintes vetores:

- Crie uma visão clara do futuro; peça contribuições.
- Pense no negócio como um sistema de oferta de valor.
- Concentre-se na interseção entre aquilo que os consumidores valorizam e suas competências principais.
- Defina o sucesso claramente; identifique os fatores críticos de sucesso.
- Dê passos iniciais ousados. Comunique a direção.
- Identifique vantagens competitivas sustentáveis.
- Perceba que você não pode ser o número um em tudo, mas deve ser o número um em alguma coisa.

Um bom teste para determinar se o plano realmente fará diferença é fazer a seguinte pergunta: que diferença faria se os concorrentes tivessem uma cópia do nosso plano?

Para escrever um plano, simplesmente responda às perguntas Por quê? Quem? O quê? Quando? Onde? Como?

Ter o produto certo voltado para o mercado certo é apenas parte da batalha; ser capaz de oferecer o produto certo é a questão principal.

Um plano sofisticado e rígido demais pode seguir uma vida própria ao se tornar a "maneira de vencer". O mercado está cheio de surpresas. Seja flexível para se adaptar às mudanças.

Você pode esperar muita ajuda dos seus planos, mais do que realmente precisa — ou quer.

Lute e Descubra

Agite o inimigo para determinar seu padrão de movimento.
Atraia-o para o campo aberto para descobrir seus pontos vulneráveis.
Examine-o e conheça
seus pontos fortes e seus pontos fracos.

Portanto, se você conhece o local e o momento da próxima batalha, suas tropas podem marchar mil li e lutar no campo. Mas se você não conhece nem o local nem o momento, então não é possível que a ala esquerda ajude a direita ou a direita ajude a esquerda; as forças na linha de frente não serão capazes de apoiar a retaguarda, e a retaguarda não será capaz de reforçar a linha de frente.

Embora eu estime que as tropas de Yue sejam muitas, de que vale essa superioridade em termos de vitória?

Assim, digo que a vitória pode ser conquistada. Pois mesmo que o inimigo seja numericamente maior, podemos impedi-lo de lutar.

Portanto, analise o plano de batalha do inimigo, para ter uma compreensão clara de seus pontos fortes e fracos.

Agora, a melhor maneira de ordenar as tropas é disfarçá-las, de maneira que não tenham uma forma determinada. Dessa forma, os espiões mais perspicazes não conseguirão bisbilhotar nem o sábio conseguirá traçar planos contra você.

— Sun Tzu

DEIXE QUE
O MERCADO LHE DIGA
O QUE FAZER

Se você quer saber os planos do inimigo, "lute e descubra", dizem os generais da história.

Um teste de mercado é um dos métodos mais óbvios de averiguar a natureza do mercado. Um teste de mercado é uma escaramuça que oferece as opções de entrar em batalha ou recuar com perda mínima. Napoleão disse: "O dever do batalhão de frente é manobrar". O mesmo vale para os testes de mercado. Você ignora as falhas e explora os sucessos.

TERCEIRO PRINCÍPIO

O teste de marketing é muito parecido com o ajuste da artilharia. Quando a primeira bateria ultrapassa o alvo, a próxima bateria é ajustada para um tiro mais curto, na tentativa de acertar o alvo. Depois que uma bateria atinge o alvo, você pode dar "tiros de efeito". Isto é, você pode desenvolver o programa.

A aplicação de marketing desse processo é que alguns testes podem envolver situações extremas. Por exemplo, se você acredita que o preço baixo é o elemento essencial na conquista do sucesso, experimente um preço muito baixo. Entretanto, se você tentar abaixar o preço lentamente, talvez precise realizar vários testes para descobrir se um preço mais baixo funcionará. Mas se você testar com um preço muito baixo e obtiver resultados mínimos, abandone o esforço. Se o teste de preço muito baixo for um sucesso, você tem uma idéia da faixa dentro da qual os ajustes podem ser feitos. Isto é, você abandona as falhas e continua testando os sucessos.

Sempre aconselho meu pessoal a nunca relatar que um preço mais baixo, uma localização melhor ou algum outro elemento poderia ter resultado em um teste bem-sucedido. A regra é testar os extremos que farão com que o teste seja bem-sucedido e retornar os ajustes a um programa lucrativo. Pense de maneira criativa — que atitudes diferentes e efetivas você pode tomar? Considere a hipótese de utilizar conceitos de negócios inteiramente diferentes.

O mantra é "teste o mercado, meça os resultados, aprenda, ajuste, e então teste novamente". Você logo saberá se deve prosseguir com o plano ou abandoná-lo.

SUN TZU: ESTRATÉGIAS DE MARKETING

Não Subestime

Aquele que não tem visão
e subestima o inimigo
certamente será capturado por ele.

Na guerra, os números sozinhos não conferem vantagem. Se um líder não avança pela força de maneira imprudente, é capaz de concentrar seu poder militar por meio de uma avaliação correta da situação do inimigo e goza do apoio total de seus homens, isso basta.

— Sun Tzu

Um general, em todos os seus projetos, não deveria pensar apenas no que deseja fazer, mas no que seu inimigo fará; ele nunca deveria subestimar seu inimigo, mas se colocar no lugar dele para avaliar as dificuldades e obstáculos que o inimigo pode interpor; deveria saber que seus planos serão desestruturados ao menor obstáculo se não tiver previsto tudo e se não tiver desenvolvido meios para superar os obstáculos.

— Frederico, o Grande
Instruções a Seus Generais, 1747

NÃO REJEITE NOVAS INFORMAÇÕES; CONSIDERE SEU PIOR INDICADOR

Peter Drucker destaca:

O administrador profissional, hoje, se vê no papel de juiz ... Um alto administrador que acredita que seu trabalho é sentar e julgar inevitavelmente vetará novas idéias.

Nós rejeitamos novas informações porque elas não se encaixam em nossas noções preconcebidas. Os estatísticos dizem que são necessários oito pontos percentuais para indicar uma tendência. Na mente humana, são necessá-

TERCEIRO PRINCÍPIO

rias pelo menos três a cinco observações antes que a pessoa comum aceite as novas informações. As pessoas teimosas demoram mais.

O almirante Rickover ensinou seus oficiais do submarino nuclear a "sempre acreditar no pior indicador". Quando ocorreu uma falha na usina nuclear de Three Mile Island, dois dos indicadores mostravam que tudo estava bem; um deles indicava um problema. Como os operadores ignoraram o pior indicador, o sistema ficou crítico. Felizmente, o desastre foi evitado.

Embora o pessimismo excessivo não seja bom, é importante examinar cuidadosamente o que está por trás do pior indicador. Sempre gostei de avaliar minhas estimativas usando a "regra dos 80%". Isto é, o que acontecerá se eu atingir apenas 80% do sucesso planejado?

Talvez você queira submeter seu plano ao que os militares chamam de "comitê da morte". Ou seja, passá-lo por uma revisão crítica feita por um grupo pequeno de pessoas com conhecimento da situação.

Aqui está um modelo simples para avaliar ações competitivas visando a determinar opções para a ação:

1. Qual é a posição estratégica do concorrente?
2. Que ações o concorrente praticou?
3. O que fizemos?
4. O que esperamos que o concorrente faça?
5. O que faremos?

Assuma Riscos Calculados

*Ele dirige as tropas
para uma batalha decisiva
e elimina o caminho de volta,
como se chutasse a escada
atrás dos soldados
depois de terem subido.*

Quando leva seu exército para dentro do território hostil, seu ímpeto é disparado na batalha. Ele agora leva seus homens em uma direção, depois em outra, como um pastor tocando um rebanho de ovelhas, e ninguém sabe o que ele está fazendo. Organizar a formação do exército e trazê-lo ao perigo — esse pode ser o trabalho do general.

Mande as tropas para suas missões sem revelar seus projetos. Quando a missão é perigosa, não conte seu aspecto vantajoso. Jogue-os em uma situação perigosa e eles sobreviverão; coloque-os em um terreno violento e eles viverão. Pois quando o exército é colocado em tal situação, ele pode extrair a vitória da derrota.

— Sun Tzu

"A teoria não pode dar nenhuma fórmula para resolver os problemas. Ela deixa a mente observar os objetos e suas relações e então a mente atinge regiões mais altas, onde agirá."

— Carl von Clausewitz
Da Guerra

TERCEIRO PRINCÍPIO

A AÇÃO
PRECEDE
A VITÓRIA

Fuja do pensamento comum. Dirija por novos caminhos. Escolha direções desconhecidas e dê

um

grande

pulo

mental

para

dentro

da

escuridão.

Experimente algo drasticamente diferente. Ignore a "maneira como sempre fizemos isso". Rompa com as divisões. Por que o exército teve de desenvolver seus próprios helicópteros armados para oferecer um suporte aéreo mais próximo? Porque a Força Aérea estava apegada aos combatentes e bombardeiros.

Nós vemos os mesmos problemas nos negócios. Os departamentos que têm acesso à nova tecnologia antes avaliam-na em relação à sua própria missão. Por exemplo, quando os relatórios computadorizados começaram a ser usados, foram destinados a relatórios financeiros porque, originalmente, este departamento controlava a tecnologia.

Na área militar, o reconhecimento e a investida de exploração geram a confiança para dar um salto à frente. Internamente, é assim que temos acesso às mais recentes tecnologias comerciais. Externamente, é assim que aprendemos sobre os pontos fracos do oponente e sobre nossa própria força competitiva superior.

A criatividade de marketing envolve assumir riscos que podem levar a uma vantagem competitiva extraordinária. É preciso coragem para ser diferente e muita coragem para ser muito diferente.

Pode ser mais arriscado ser convencional do que não convencional. O que é revolucionário hoje é rotineiro amanhã. Até mesmo a revolucionária Internet está prestes a perder a inicial maiúscula e se tornar meramente internet. (O telefone já foi Telefone.)

SUN TZU: ESTRATÉGIAS DE MARKETING

Antes de o Panera Bread se tornar o mais moderno conceito de restaurante, era a divisão St. Louis Bread da Au Bon Pain. Renomeada como Panera, tornou-se o principal veículo de crescimento da Au Bon Pain, o que acabou levando a Au Bon Pain a vender seu negócio de mesmo nome para se concentrar apenas no Panera Bread.

A "sabedoria não convencional" pode ser melhor para lançar um novo produto e encontrar um novo mercado do que a sabedoria convencional. Normalmente, aqueles que chegam primeiro e obtêm sucesso definem o mercado. Ted Turner arriscou-se ao lançar uma estação de notícias e informações 24 horas, na década de 70. Ele não copiou o formato dos noticiários de TV; em vez disso, observou as tendências emergentes de alto interesse em notícias e o cabo como nova tecnologia. Como resultado, criou uma poderosa marca nacional — uma oportunidade que foi perdida pelas redes de TV, que estavam sobrecarregadas com os custos altos e o *status quo*.

TERCEIRO PRINCÍPIO

A Sobrevivência Impulsiona a Vitória

*Em uma situação de desespero,
eles não temem nada;
quando não há saída,
eles permanecem firmes.*

Jogue seus soldados em uma posição de onde não há saída, e eles escolherão a morte e não a deserção. Pois, se estiverem preparados para morrer, como podem os oficiais e homens não manifestar sua extrema força de luta? Metidos em uma terra hostil eles se unem. Se não houver como evitar, eles lutarão com bravura.

Assim, sem esperar orientação, os soldados estarão constantemente vigilantes; sem esperar ordens, farão a sua vontade; sem restrições, serão fiéis; sem dar ordens, pode-se confiar neles.

Portanto, em solo dispersivo, eu unificaria a determinação do exército. Em frente de batalha, eu manteria minhas forças extremamente unidas. Em posição chave, ativaria meus elementos de retaguarda. Em campo aberto, prestaria muita atenção a minha defesa. Em terreno focal, consolidaria minhas alianças. Em terreno sério, garantiria um fluxo contínuo de provisões. Em terreno difícil, prosseguiria vigorosamente em direção à estrada. Em terreno cercado, bloquearia os pontos de acesso e saída. Em terreno desesperado, deixaria evidente que não há chance de sobrevivência. Pois é da natureza dos soldados resistir quando encurralados, lutar com bravura quando não há alternativas e seguir ordens implicitamente quando se encontram em perigo.

— Sun Tzu

A SOBREVIVÊNCIA É O OBJETIVO FINAL DE TODO EMPREENDIMENTO

Se a "oportunidade" não vai destruí-lo, ela o deixará mais forte.

Podemos aprender muito sobre sobrevivência com os guerrilheiros. Existe

SUN TZU: ESTRATÉGIAS DE MARKETING

uma similaridade entre as necessidades do guerrilheiro corporativo, que deve gerenciar o sucesso de uma linha menor de produtos, e as necessidades do guerrilheiro empresarial, que gerencia um pequeno negócio.

Embora cada um possa ter um desejo ardente de sucesso, a motivação não é suficiente. A chave da estratégia do guerrilheiro é estar onde o "elefante" não está. A participação no mercado não tem relevância.

Com muita freqüência, os superiores do guerrilheiro corporativo esperam que ele aja como um gorila — exatamente como as grandes marcas corporativas. O futuro pessoal do guerrilheiro corporativo está em ser reconhecido por sua capacidade e em encontrar oportunidades em outros lugares dentro da estrutura corporativa. Se seu departamento fechar, distribua seu currículo para outros chefes de departamento. O guerrilheiro do pequeno negócio que não está tendo sucesso sobrevive ao mudar para outras marcas, produtos ou mercados. Seus clientes são a base de força do guerrilheiro dos pequenos negócios.

A ação de guerrilha bem-sucedida freqüentemente altera por completo as práticas comerciais normais. O guerrilheiro não se concentra em um grande ataque a uma frente ampla; em vez disso, ele aplica vários golpes menores.

Aqui está o conselho que o Presidente Mao poderia ter dado a um guerrilheiro de marketing:

- Conquiste contas menores primeiro; deixe as maiores para depois.
- Em cada batalha, encontre um ponto em que possa ter superioridade local.
- Não trave uma batalha sem um plano para a vitória.
- Ceda quando estiver sob ataque pesado. Encontre um novo campo de batalha ou uma nova guerra.
- Não dependa de uma única fonte de lucro. Diversifique suas oportunidades.
- O serviço é uma de suas forças.
- Planeje o reconhecimento pessoal. Saiba o que está acontecendo.
- Escreva uma lista de dez coisas garantidas. Quando uma oportunidade for perdida, você tem outras nove.

Quarto Princípio
Uma Posição Segura

*O líder deve assumir uma posição sólida,
inspirar os outros a segui-lo, descobrir onde
está a fraqueza do inimigo e atacar ali.*

— "Os Preceitos de Ssu Ma Jang Chu"
Século IV a.C.

SUN TZU: ESTRATÉGIAS DE MARKETING

> *ESTRATEGICAMENTE*
> Uma posição segura estabelece a base para uma ofensiva.
>
> *TATICAMENTE*
> Uma posição segura ajuda-o a aproveitar sua força natural.

Ocupe uma posição que não possa ser facilmente tomada por seus oponentes.

O MERCADO

Em geral, o mercado tem a seguinte aparência:

Os Superpoderosos
Os grandes, que possuem o controle.

Os Poderes Secundários
Eles brincam de siga o líder ou formam alianças.

Os Guerrilheiros dos Negócios
Pequenos demais para serem alvos, mas estão sempre em perigo.

Os Superpoderosos

Eles são donos do território, estabelecem as regras e, assim como os gorilas de 350 quilos, dormem em qualquer lugar que quiserem. Os maiores cães pegam os maiores pedaços de carne.

Os superpoderosos estão no ramo da proteção — eles estão, ao mesmo tempo, preocupados em proteger seu terreno elevado e ganhar novos terrenos.

Os superpoderosos ficam com a maior participação no mercado porque *são* superpoderosos. A Microsoft é dona de patentes de sistemas operacionais de computadores e domina a indústria do software comercial. A Nabisco vende mais bolachas e biscoitos porque tem o maior espaço nas prateleiras.

QUARTO PRINCÍPIO

O McDonald's vende mais hambúrgueres porque tem mais lojas.

Nesse terreno elevado, todo dia é dia de combate para os superpoderosos, que lutam para afastar os invasores. A defesa é direcionada a atacar ou aterrorizar os concorrentes para que eles não invadam com novos produtos.

Normalmente, a melhor defesa é uma ofensiva contínua, com expansão da marca em diferentes variedades e tamanhos.

Os grandes concorrentes podem surgir de fora do setor. O concorrente das estradas de ferro foi o veículo motorizado. Da mesma forma, os ônibus perderam mercado para as companhias aéreas. O inimigo da máquina de escrever foi o computador.

Os Poderes Secundários

A missão deles é crescer para não diminuir. Com freqüência, isso é alcançado ao destruir várias empresas menores, em vez de atacar os maiores poderosos. É mais fácil eliminar o fraco do que atacar o forte.

Esses poderes secundários estão em um terreno intermediário e vulnerável. Eles são atacados tanto pelos peixes grandes quanto pelos pequenos. No desenvolvimento inicial de qualquer setor, vemos uma distribuição normal de empresas grandes, médias e pequenas. Conforme o setor caminha rumo à maturidade, a ação de marketing polariza entre as empresas grandes em um extremo e os pequenos especialistas no outro. A terra de ninguém, onde ninguém deseja estar, é uma empresa de porte médio em um setor maduro.

A crise econômica no varejo quase destruiu as empresas de médio porte. As lojas de departamento das cidadezinhas foram eliminadas ou formaram alianças com cadeias maiores. Florescendo nos dois extremos estão os gigantes e as butiques.

Os Guerrilheiros

Em terceiro lugar, estão todos com uma pequena participação no mercado, ou uma grande participação em um mercado pequeno. A maior ameaça dessas empresas é o gorila de 350 quilos.

Matadores em setores como brinquedos, hardware e material de escritório expulsaram os pequenos guerrilheiros do negócio — e, por sua vez, estão sendo ameaçados pelo principal matador, o Wal-Mart.

A Coca-Cola acompanhou cuidadosamente os segmentos de baixa caloria e baixa cafeína da indústria do refrigerante antes de lançar a Coca-Cola Light. O atraso não afetou seu sucesso de longo prazo. Embora haja vantagens como essa para empresas maiores, as pequenas empresas não sobrevivem aos erros.

Na guerra pelo hardware e pelo software, a Microsoft não faz prisioneiros.

O Ciclo de Posicionamento

Em toda indústria, quando uma empresa aumenta sua participação no mercado, ela gera sérios problemas para a concorrência ao provocar uma erosão na base dos concorrentes. Isso força os concorrentes a competir por posições inferiores, que geram lucros ainda menores. Conforme as posições no mercado mudam, aquele que conquista o terreno mais elevado fica com a maior parte da renda, e todas as vantagens provenientes disso. De modo similar, as perdas dos derrotados se acumulam — negativamente.

A Aliança

Nós vemos organizações menores formando alianças com grandes organizações — freqüentemente na forma de um contrato de franquia ou licença. Aqui estão exemplos de gigantes que formaram alianças:

- Envie seu pacote de FedEx por intermédio da caixa de coleta localizada no correio local ou na Kinko's.
- Envie dinheiro por intermédio dos quiosques da Western Union na cadeia local de supermercados.

Essas alianças prosperam porque funcionam tanto para os clientes quanto para os fornecedores.

Os contratos de parceria, tão comuns na indústria automobilística, podem ser uma aliança útil para o fabricante e o fornecedor em qualquer setor.

QUARTO PRINCÍPIO

Seja
Invencível

Os guerreiros habilidosos do passado
primeiro se tornaram invencíveis
e depois esperaram
pelo momento de vulnerabilidade do inimigo.

A invencibilidade depende de você, mas a vulnerabilidade do inimigo depende dele. Diz-se que aqueles que são habilidosos na guerra podem se tornar invencíveis, mas não podem fazer com que um inimigo seja realmente vulnerável. Portanto, pode-se dizer que uma pessoa pode saber como chegar à vitória, mas não necessariamente a alcançará.

A invencibilidade está na defesa; a possibilidade de vitória, no ataque. Defenda-se quando a força do inimigo for abundante; e ataque quando a força do inimigo for inadequada.

Os habilidosos na defesa se escondem sob os recônditos mais secretos da terra. O brilho dos habilidosos no ataque reluz como se viesse das grandes alturas do céu. Assim, são capazes de se proteger e de alcançar uma vitória completa.

Do mesmo modo, um comandante sábio sempre garante que suas forças sejam consideradas invencíveis e, ao mesmo tempo, garante que não perderá qualquer oportunidade de derrotar o inimigo... O comandante versado na guerra aumenta a influência moral e se mantém fiel às leis e regulamentos. Desse modo, o controle do sucesso está em suas mãos.

— Sun Tzu

A INVENCIBILIDADE ESTÁ
NA DEFESA;
A POSSIBILIDADE DE VITÓRIA,
NO ATAQUE

Em um memorando a seu Gabinete de Guerra, Winston Churchill escreveu: "É desenvolvendo novas armas, e acima de tudo pela liderança científica, que enfrentaremos o poder superior do inimigo".

O sistema de franquia oferece uma oportunidade de agregar força organizacional. O índice de fracasso em organizações franqueadas é muito inferior ao índice em negócios independentes. Assim como as linhas de batalha gregas, o sistema de franquias tem um treinamento melhor e uma frente unificada.

As regras para obter sucesso com tecnologia são: seja escrupulosamente objetivo e entenda as limitações da tecnologia.

Na batalha dos calçados esportivos, a Nike busca a posição invencível de alto desempenho. Para reforçar sua posição, a Nike mantém uma estrutura incrível de centros de pesquisa e desenvolvimento em seu campus, em Beaverton, Oregon: uma pista de corrida com sensores digitais, uma quadra de basquete com câmeras na altura dos tornozelos, uma loja de amostras de material para futuros produtos e uma sala que pode criar qualquer condição climática. Essa atenção voltada à perfeição do desempenho dos produtos é a essência da posição da Nike.

Sabendo que a seleção do canal de distribuição pode influenciar sua imagem, a Puma decidiu evitar as lojas de "desconto" ou "pechincha". A Puma está, ao mesmo tempo, interessada em para quem vender e para quem não vender.

A New Balance é anti-Nike e anti-Puma em sua busca por uma posição invencível. A New Balance acredita que haja uma função em ser diferente e, assim, seu slogan é "Endorsed by No One"*. As pessoas mais velhas gostam da New Balance porque ela fabrica tênis para pés de todos os tamanhos. A participação no mercado da New Balance vem aumentando continuamente, e atualmente a empresa ocupa a posição de número 2.

No mundo do varejo, quem é mais invencível que o Wal-Mart, com seu objetivo de participação de 30% em cada segmento comercial de que participa? Entretanto, é quando você está por cima, e tudo parece estar bem, que você realmente precisa começar a se preocupar. Talvez você não se lembre de alguns que estiveram no topo, como o Atari (o fabricante da primeira geração de videogames mais vendidos), ou seu forte concorrente, Coleco. Grundig era um grande nome no setor dos rádios e Bendix esteve no alto por um breve momento no ramo das lavadoras automáticas.

Para ser invencível, é necessário estar sempre no ataque.

---

* N. da T.: "Endossado por Ninguém".

QUARTO PRINCÍPIO

Aproveite as Posições Favoráveis

Tire vantagem do despreparo do inimigo.
Trace seu caminho por rotas inesperadas.
Ataque-o quando ele não tiver tomado quaisquer precauções.

Na antigüidade, aqueles que eram descritos como habilidosos na guerra sabiam como impedir que o inimigo unisse sua frente e sua retaguarda, que suas divisões maiores e menores cooperassem, que seus homens e oficiais apoiassem uns aos outros, e que os níveis mais altos e mais baixos do inimigo estabelecessem contato entre si.

Quando as forças do inimigo estavam dispersas, eles impediam a união; mesmo quando estavam unidas, conseguiam colocar as forças inimigas em desordem. Avançavam quando era vantajoso; e quando não era, paravam.

— Sun Tzu

ESTRATÉGIAS PREEMPTIVAS

A estratégia preemptiva é uma grande ação que garante uma vantagem competitiva. É possível fazer marketing preemptivo com quaisquer elementos do mix de marketing.

A ação preemptiva da Walgreen foi encontrar as melhores localizações. O CEO David Bernauer simplesmente diz: "Temos ótimos imóveis". A Walgreen vem se concentrando em esquinas de grande movimento há mais de uma década. Os concorrentes devem iniciar ações para compensar a força da localização da Walgreen.

ENCONTRE
O LUGAR
CERTO

Talvez você fique surpreso ao saber que a vichyssoise* não é de origem francesa. Ela foi criada no Ritz-Carlton de Nova York, em 1917.

A idéia de que usar um nome estrangeiro em uma marca é um diferencial foi usada por Reuben Mattus, em 1959, quando renovou o nome da marca Häagen-Dazs. Ele sabia que os americanos achavam que o resto do mundo comia melhor que eles, e pagariam mais por um produto estrangeiro. Assim, após anos no setor de sorvetes, ele criou um sorvete mais saboroso e caro e inventou um nome ridículo e impossível de pronunciar. Chegou até mesmo a imprimir o mapa da Suécia na embalagem. O resto é história de marketing.

Isso não significa que ser estrangeiro seja a única posição favorável. O sucesso da Ben & Jerry é outra lenda no lado não sofisticado dos sorvetes.

Em um período de tempo relativamente curto, a Starbucks transformou uma das bebidas mais comuns do mundo em um produto premium. A marca cuidadosamente cultivada e amplamente reconhecida vai muito além do conteúdo da xícara. O crescimento da Starbucks pode ser atribuído à sua capacidade de posicionar o produto como um símbolo. Esse posicionamento atrai o retorno do cliente sem muitos gastos em propaganda. De acordo com uma pesquisa, o consumidor médio visita a Starbucks mais de 15 vezes por mês, e 10% desses consumidores aparecem na loja duas vezes por dia!

As gigantes do setor do café observaram a Starbucks ocupar uma posição privilegiada e roubar participação no mercado. Atualmente, a Starbucks é um estilo de vida. Suas lojas e quiosques estão em toda parte. A Barnes & Noble serve o café da Starbucks em suas lojas.

É interessante como a maioria das inovações nos canais de distribuição vem de concorrentes iniciantes. As grandes empresas que tentam inovar em novos canais são frustradas por sua própria cultura.

Muitas novas empresas têm sucesso ao definirem seus negócios de um modo que os diferencia bastante de sua concorrência. Essa diferenciação

---

* N. da T.: Tipo de sopa cremosa, feita de alho-poró e batatas.

QUARTO PRINCÍPIO

pode estar em qualquer área do negócio; pode estar na distribuição e não na fabricação, ou no serviço e não nas vendas.

Hospitais particulares mantêm uma posição bastante competitiva em alguns mercados obtendo as melhores localizações e o apoio dos melhores médicos. Na guerra da pizza, a Pizza Hut estabeleceu sua forte posição de marca com superioridade na localização e na propaganda. A Domino's continua soberana no mercado de entrega em domicílio.

SUN TZU: ESTRATÉGIAS DE MARKETING

Procure as Vantagens das Posições Naturais

Quando um exército assume uma posição e dimensiona a situação do inimigo, deve prestar atenção ao seguinte:

- *Ao cruzar as montanhas, procure ficar perto dos vales.*
- *Ao acampar, escolha um terreno alto, de frente para o sol.*
- *Quando um terreno elevado estiver ocupado pelo inimigo, não suba para atacar.*

Após cruzar um rio, você deve se afastar dele. Quando um invasor estiver cruzando o rio, não vá encontrá-lo no meio da correnteza. É vantajoso deixar que metade de sua armada cruze o rio, e só depois atacar.

Ao cruzar um pântano salgado, sua única preocupação deve ser atravessá-lo rapidamente, sem qualquer demora.

Em terreno plano, assuma uma posição acessível e distribua seus principais flancos em terrenos elevados, com a frente mais baixa que a retaguarda.

Esses são os princípios para acampar nas quatro situações descritas. Ao aplicá-los, o Imperador Amarelo conquistou os quatro soberanos vizinhos.

— Sun Tzu

CARACTERÍSTICAS NATURAIS SUSTENTAM SUA POSIÇÃO

Geralmente não visualizamos uma posição como natural da organização até que ela esteja ocupando tal posição por algum tempo. As posições naturais mais visíveis estão nas extremidades superior e inferior.

O que pode ser mais natural que uma embalagem de chocolate ao leite que berre a posição da marca Hershey? A marca Disney significa diversão e entretenimento.

Na extremidade superior do varejo estão as posições da Tiffany e da Cartier, em que se espera pagar muito por qualquer compra. Na venda de

QUARTO PRINCÍPIO

automóveis de luxo, espera-se uma boa performance da alemã Mercedes, da japonesa Lexus ou das americanas Cadillac ou Lincoln.

Varejistas como a Nordstrom's vendem marcas famosas e fornecem serviços de ótima qualidade. Ao visitar uma das lojas da Nordstrom's, você percebe que sua posição em termos de serviço é real. Fiz uma compra e fui chamado pelo nome quando retornei, vários meses depois. A Nordstrom's tem mais do que o número médio de vendedores em um setor em que é difícil ser atendido. Ela oferece todo tipo de serviço pessoal para aprimorar sua imagem.

O produto e a marca são fundamentais para determinar a posição natural. É fácil entender que um produto de preço baixo em uma categoria terá uma posição inferior e um produto de preço elevado terá uma posição superior. Ninguém entra em um mercado com produtos de baixa qualidade e preço baixo com a intenção de ficar muito tempo — essa é uma posição de não-posição.

Quando a Wal-Mart foi para a região rural de Arkansas e passou a vender para clientes de baixa renda, a loja naturalmente adotou uma posição de preços baixos. Qualquer outra posição não seria natural para seus clientes. Para ocupar a posição de preços baixos, é necessário ter um sistema de distribuição de custo baixo. É axiomático que uma posição de preços baixos só pode ser ocupada se você for um operador de custos baixos.

Os varejistas adotam posições ao fortalecer a marca de suas lojas. Ninguém espera pagar preços altos nas lojas da Big Lots ou da Dollar General. Essas empresas reforçam sua posição ao fazerem propaganda de seus preços baixos, e essa percepção é fortalecida quando você visita as lojas.

Com o tempo, você se torna quem você é naturalmente. Fiquei perplexo com o varejista que disse, em uma conferência: "Às vezes não acredito nas minhas próprias propagandas". Os clientes também não acreditaram.

SUN TZU: ESTRATÉGIAS DE MARKETING

Ocupe o Terreno Elevado

Na batalha e nas manobras,
todos os exércitos preferem o terreno elevado ao baixo,
e os lugares ensolarados às sombras...

Quando você chega em montanhas, represas ou aterros, ocupe o lado ensolarado, com seu flanco principal na retaguarda. Todos esses métodos são vantajosos para o exército e podem explorar as possibilidades que o terreno oferece.

Se o exército acampar perto de água e vegetação, com suprimentos adequados, ficará livre de incontáveis doenças e isso levará à vitória.

Quando a chuva forte cai no leito do rio e água espumante desce, não fique parado esperando que o nível baixe. Ao encontrar "Chuvas Torrenciais", "Poços do Céu", "Prisões Celestiais", "Redes Celestes", "Armadilha dos Céus" e "Rachaduras no Céu", você deve marchar rapidamente para longe deles. Não se aproxime. Ao mesmo tempo em que mantemos distância, devemos atrair o inimigo na direção deles. Nós os enfrentamos e fazemos com que o inimigo vire suas costas para eles.

Se nas cercanias do seu acampamento houver desfiladeiros ou lagos perigosos e terrenos inferiores tomados por plantas aquáticas, ou montanhas cobertas de florestas com arbustos densos e emaranhados, eles devem ser minuciosamente vasculhados, porque são lugares possíveis para armar emboscadas e esconder espiões.

— Sun Tzu

TODOS OS EXÉRCITOS
PREFEREM O TERRENO ELEVADO
AO BAIXO

A importância do terreno elevado no moral é mais fácil de entender depois do fiasco financeiro das empresas pontocom. Na primeira página de *A Arte da Guerra*, a "influência moral" é listada como o primeiro dos cinco fatores fundamentais. Através dos séculos, os estrategistas enfatizaram a importância de ter a razão do seu lado. Impérios políticos e comerciais foram construídos

68

QUARTO PRINCÍPIO

sobre a pedra fundamental da força moral.

Muitas empresas bem-sucedidas têm um fervor moral em sua missão. Quanto maior a força com que esse fervor permeia a organização, maior será a força da ofensiva. A força de acreditar que o propósito da organização é moralmente sólido também fortalece a imunidade contra os comentários negativos e a publicidade ruim.

Há uma longa lista de organizações que obtiveram sucesso porque seu pessoal era dedicado aos bons princípios comerciais, e uma lista igualmente longa de empresas que duraram pouco tempo e que aparentemente eram dedicadas a nada. O ato físico de "se reunir em volta da bandeira" pode ser muito útil para institucionalizar a mensagem. Muitas organizações promovem eventos para gerar entusiasmo e reforçar suas crenças e valores centrais.

Um empresário construiu uma franquia forte para seu produto ao transformar em "religião" a dedicação da empresa em proteger os lucros dos varejistas no canal de distribuição. Seu grito de guerra era garantir os lucros por meio de um preço de varejo cuidadosamente controlado. Embora essa postura tenha complicações legais no mundo comercial de hoje, algumas organizações usam a distribuição selecionada para minimizar a concorrência e garantir uma linha de produtos mais lucrativa para o negócio. O privilégio de pertencer a esse grupo seleto é a base para um espírito guerreiro. O coronel Boyd, em suas palestras, compartilhou as seguintes observações relacionadas ao conflito moral:

- *Força moral:* capacidade mental de superar a ameaça, a incerteza e a desconfiança.
- *Valores morais:* valores humanos que nos permitem prosseguir diante da ameaça, da incerteza e da derrota.
- *Vitória moral:* triunfo da coragem, da confiança e do espírito (de unidade) sobre o medo, a ansiedade e a alienação quando confrontado pela ameaça, pela incerteza e pela desconfiança.
- *Autoridade moral:* pessoa ou grupo que pode dar a coragem, a confiança e a vivacidade para superar a ameaça, a incerteza e a desconfiança.

"Conquistar" é uma estratégia para alcançar o terreno elevado em um segmento de mercado. A maioria dos clientes nesses mercados já foi conquistada por seus concorrentes. Isso é mais visível na indústria automotiva, em que a participação no mercado deve ser "conquistada" dos concorrentes. Novos modelos como a minivan e o SUV* foram introduzidos para minimizar o canibalismo e maximizar as conquistas de novos clientes.

---

* N. da T.: Sport Utility Vehicles — Utilitários esportivos (caminhonetes esportivas e padrão mais elevado).

SUN TZU: ESTRATÉGIAS DE MARKETING

A Melhor Defesa É Planejar uma Boa Ofensiva

*É uma doutrina da guerra que não devemos confiar
na probabilidade de o inimigo não vir,
mas em nossa prontidão ao encontrá-lo;
não na chance de ele não atacar,
mas no fato
de que tornamos nossa posição invencível.*

O que pode subjugar os governantes hostis à nossa volta é atacar onde machuca mais; o que pode mantê-los constantemente ocupados é causar-lhes problemas; e o que pode fazê-los ficar agitados é oferecer-lhes tentações ostensivas.

— Sun Tzu

"Uma defesa passiva é mortal, e não vence batalhas. A ação agressiva é mais segura e mais produtiva para a vitória. As tropas que têm a iniciativa possuem a vantagem. Elas forçam os demais a jogar seu jogo."

— Lincoln C. Andrews
Tactical Rules, 1916

PENSAMENTO E AÇÃO
OFENSIVOS
GERAM A VITÓRIA

Napoleão disse: "A guerra defensiva não exclui o ataque, assim como a guerra ofensiva não exclui a defesa". Quando ficamos constantemente na defensiva, raramente vencemos. Se defendermos o ataque inimigo, provavelmente haverá outro.

QUARTO PRINCÍPIO

Muito do sucesso da indústria americana foi o resultado de uma defesa internamente focada e menos visível, sempre centralizada na produtividade e na qualidade superior. A força dessa defesa é que ela fornece uma grande capacidade ofensiva.

Um investimento em sistemas de qualidade pode ser uma boa defesa. O resultado líquido é que a performance do produto é aprimorada e os custos são reduzidos. Quando se atinge uma qualidade de nível mundial, a organização não apenas desenvolveu uma proteção contra invasões estrangeiras, mas também, a partir desta base segura, pode lançar produtos mundialmente competitivos.

A regra de marketing é que você deve ter qualidade em todos os detalhes — nas pessoas, nos produtos e nos programas. Considerando a fragilidade do elemento humano, você não deve permitir que seu plano fracasse por causa de qualquer elemento físico controlável, como qualidade do produto, especificações de desempenho ou prazo de entrega.

A Harley-Davidson esteve em apuros ao lutar contra as legiões de importadoras de motocicletas de outros países. Ela reestruturou suas operações para enfatizar a qualidade e ganhou uma forte posição no mercado.

A Novartis, nome dado à fusão da Sandoz e da Ciba-Geigy na indústria farmacêutica, assegurou uma defesa sólida com um gasto de 250 milhões de dólares em uma nova instalação de pesquisa e desenvolvimento.

Atacar a si mesmo pode ser a melhor defesa. Aqueles que não fazem isso estão fadados ao esquecimento. Se você não inovar, seu concorrente o fará. A Gillette faz isso com cada nova lâmina. A Intel ataca a si mesma com cada novo chip. A Microsoft é sua melhor concorrente com versões mais novas dos próprios softwares. A Heinz atacou a si mesma quando abandonou a famosa garrafa de vidro de ketchup e inovou com a nova garrafa de plástico.

Anos atrás, a KFC descobriu que atacar o almoço era melhor que atacar os hambúrgueres — construir seu próprio negócio em que não se serve o jantar foi a melhor maneira de se defender contra as cadeias de hambúrgueres.

Quinto Princípio
Ação Ofensiva

*Um grande exército deve estar consolidado,
grandes forças devem estar bem treinadas,
o controle mais adequado deve ser escolhido,
e o exército deve estar pronto para tirar vantagem
das oportunidades.*

É isso que se chama estar preparado.

— "Os Preceitos de Ssu Ma Jang Chu"
Século IV a.C.

> *ESTRATEGICAMENTE*
> A ação ofensiva proporciona a iniciativa de movimento.
>
> *TATICAMENTE*
> A ação ofensiva o mantém no controle.

Mantenha-se na ofensiva para garantir a liberdade de ação.

O planejamento é importante, entretanto, a execução bem-sucedida do plano é crítica para o sucesso. Somente a ação ofensiva alcança resultados decisivos. A ação permite que o gerente explore a iniciativa e imponha sua vontade sobre o mercado de trabalho ou sobre os concorrentes. As chaves de uma ofensiva bem-sucedida são habilidade, preparação, treinamento e, acima de tudo, informação. A história prova que um ataque bem-sucedido é vitorioso antes mesmo de começar. O normal é existir uma confusão causada por não haver tempo suficiente, nem recursos suficientes, nem informações suficientes.

Apenas raramente os detalhes exatos serão conhecidos. Embora a tentativa de obter mais informações seja feita no decorrer do percurso, esperar por notícias em uma situação difícil é um erro grave.

Quando as empresas deixam os segmentos de mercado abertos, a concorrência invade tais segmentos. Dessa forma, uma grande quantidade de dinheiro deverá ser despendida para recuperar a participação no mercado.

O espírito ofensivo deve permear a empresa.

OFENSIVA DE INOVAÇÃO

A inovação da Ford na produção em massa ofereceu a oportunidade de reduzir os preços, e os carros foram vendidos para pessoas que, caso contrário, não teriam comprado um carro novo. Esse é um excelente marketing.

Na General Motors, Alfred Sloan segmentou o mercado, oferecendo diferentes linhas de carros para pessoas que apresentavam dados demográficos diferentes. Isso também é um marketing excelente.

A segmentação de Sloan venceu a estratégia do Modelo T da Ford —

QUINTO PRINCÍPIO

"qualquer cor, desde que seja preto" — e a batalha de marketing esquentou.

A inovação não é limitada a produtos físicos; é possível inovar em qualquer área do marketing. Com freqüência, a ofensiva de inovação é vencedora. Aqui estão alguns conceitos básicos que você deve ter em mente ao considerar o lançamento de uma ofensiva de inovação:

Seja simples. O simples funciona melhor.
Tenha um foco. Preencha uma necessidade específica.
Comece de baixo. Assim, você poderá corrigir os erros enquanto avança.
Construa sobre seus pontos fortes. Você já está fazendo o que faz de melhor.
Esteja em sintonia com o mercado. Você quer vender agora.

A ofensiva deve ocorrer no momento e no local que você escolher. O romano Vegetius disse: "É da natureza da guerra que aquilo que beneficia você prejudica seu inimigo e aquilo que serve aos propósitos dele sempre machuca você. Portanto, é uma máxima nunca fazer, ou deixar de fazer, qualquer coisa como conseqüência dos atos dele, mas consultar invariavelmente apenas seus próprios interesses". Napoleão disse: "Uma máxima bem estabelecida da guerra é não fazer nada que seu inimigo deseje — pelo simples motivo de que ele deseja que você o faça".

Cuidado: a ofensiva não oferece uma solução para todos os problemas. Seu desejo por uma ação ofensiva deve ser utilizado com sabedoria. É provável que você nunca tenha ouvido falar de um cônsul romano chamado Varro. Sua promessa pública foi que atacaria o inimigo em qualquer lugar e momento em que os encontrasse. Na primeira oportunidade, ele fugiu do campo de batalha — e foi direto para o desastre. Ele era um perdedor.

A melhor maneira de vencer no marketing é assumir a ofensiva, e se você for forçado a assumir a defensiva, deve ser apenas uma postura temporária. A ofensiva oferece o meio mais poderoso de preparar os recursos corporativos e levá-los à ação. O simples fato de que a ofensiva exige mais atividade do que simplesmente tentar manter o *status quo* é algo a seu favor. Entre quaisquer dois concorrentes, com todas as outras variantes iguais, o mais ativo prevalecerá.

A primeira regra de marketing deve ser aproveitar a ofensiva e manter a iniciativa permanentemente. Segure a atenção do cliente e mantenha o foco em aprimorar o relacionamento. É uma máxima nunca abrir mão da iniciativa voluntariamente.

Os mercados estão mudando em ritmo acelerado. A tarefa do gerenciamento de marketing vai muito além de promover produtos e serviços existentes. A iniciativa de marketing deve ser criar continuamente novas oportunidades. Isso pode envolver encontrar novos clientes, estabelecer novas alianças, aprimorar a logística, adicionar novos recursos e benefícios, e muito mais. O objetivo final é sempre construir relacionamentos de longo prazo.

ORGANIZANDO A OFENSIVA

Os três componentes-chave a seguir são fundamentais para ofensiva de marketing:

1. *Um foco.* A massa crítica deve ser enfocada. Coloque-se no lugar do seu concorrente. Como ele atacaria o mercado? Isso lhe dirá como organizar seu próprio ataque.
2. *Choque.* É gerado pela mobilidade e pela velocidade. Mantenha-se em movimento. Você fica mais vulnerável quando está parado — não quando está procurando ativamente novas maneiras de servir seus clientes.
3. *Busca.* Quando alguma coisa funcionar, continue usando. Multiplique seus sucessos. Abandone seus fracassos. A repetição e a consistência da mensagem são componentes importantes do marketing.

QUINTO PRINCÍPIO

Prepare os Recursos Adequados

Aquele que reclama
de gastar cem peças de ouro
e permanece ignorante sobre a situação do inimigo
é completamente desprovido de humanidade.

Tal homem não é líder das tropas; não é um assistente capaz para seu soberano; não é dono da vitória.

Geralmente, quando um exército de cem mil homens é reunido e enviado para uma guerra distante, os gastos feitos pelas pessoas somados ao desembolso feito pelo tesouro chegarão à quantia de mil peças de ouro por dia.

Haverá uma comoção contínua tanto em casa como no estrangeiro; as pessoas estarão envolvidas com os comboios e exaustas por executar serviços de transporte, e seus 700 mil familiares serão incapazes de continuar com as tarefas da fazenda.

— Sun Tzu

DETERMINE SUAS PRIORIDADES

Você deve decidir que nível de espaço mental pode ser atingido com cada grupo de clientes no canal de distribuição. Então, deve alocar recursos financeiros para alcançar tais objetivos.

Os níveis comparativos de espaço mental são

1. *Percepção.* Estabelecimento do primeiro lugar de contato. O grupo de clientes sabe que seu produto ou serviço existe.
2. *Aceitação.* Penetração do espaço mental. O grupo de clientes pensa em comprar seu produto ou serviço.
3. *Preferência.* Ocupação do espaço mental. O grupo de clientes prefere seu produto ou serviço.

SUN TZU: ESTRATÉGIAS DE MARKETING

Claro que todos gostariam de ser a marca de preferência de cada cliente, no entanto, nunca tive fundos suficientes para chegar a esse objetivo supremo.

Esta tabela simples pode ajudar a organizar suas prioridades. Estes seriam seus gastos se você estivesse disposto a fazer uma promoção agressiva de seu produto nos canais de comércio:

Espaço Mental	Força de Vendas	Intermediário	Cliente Final
Percepção			$
Aceitação		$$	
Preferência	$$$		

Por outro lado, se você quiser fazer uma promoção lenta e prolongada do produto nos canais de comércio, seus recursos devem ser alocados da seguinte maneira:

Espaço Mental	Força de Vendas	Intermediário	Cliente Final
Percepção			$
Aceitação		$$	
Preferência	$$$		

Tome sua decisão e aloque seus recursos.

QUINTO PRINCÍPIO

Aproveite a Iniciativa

*Aquele que ocupa o campo de batalha primeiro
e espera pelo inimigo está à vontade;
aquele que chega depois
e se une à batalha às pressas está cansado.*

*E, assim, o habilidoso na guerra
traz o inimigo para o campo de batalha
e não é levado para lá por ele.*

Aquele capaz de fazer com que o inimigo venha por vontade própria o faz oferecendo-lhe alguma vantagem. E aquele capaz de impedi-lo de vir o faz causando-lhe danos.

Portanto, no dia em que a decisão de iniciar a guerra é tomada, você deve bloquear as passagens, destruir os registros oficiais e impedir a passagem de todos os emissários. Examine atentamente o plano na sala do conselho e tome as providências finais.

Se o inimigo deixar uma porta aberta, você deve entrar correndo. Conquiste o local que o inimigo valoriza sem marcar uma data para lutar com ele. Seja flexível e escolha sua linha de ação de acordo com a situação no lado inimigo.

A princípio, demonstre a timidez de uma donzela até que o inimigo ofereça uma abertura; depois, seja ligeiro como uma lebre, e será tarde demais para o inimigo resistir.

— Sun Tzu

"Aproveitar a ofensiva é a única estratégia que pode funcionar em uma economia competitiva e em expansão — independentemente de se tratar de um negócio nacional ou internacional. É preciso levar a iniciativa ao nível internacional, no preço, no estilo, na inovação e design, e no marketing. Temos de aceitar o que é elementar para todos — assumir uma posição defensiva pode, na melhor das hipóteses, apenas limitar as perdas. E nós precisamos ganhar."

— Peter Drucker

AGIR
FAZ DE VOCÊ O DONO
DA SITUAÇÃO

A maneira mais eficaz e decisiva de atingir um objetivo é aproveitar, manter e explorar a iniciativa. Estar na ofensiva o coloca no controle de seu relacionamento com seus clientes e força os concorrentes a reagir.

Ou você passa tempo preparando planos extensivos ou estabelece objetivos e segue em frente. Parece que a escolha muitas vezes fica entre se preparar mais ou agir imediatamente. O gerente de marketing deve encontrar o equilíbrio delicado entre a preparação e a ação. As maiores chances de sucesso estão do lado da ação.

Por décadas, o único avanço significativo da Campbell's no ramo de sopas foi sua dominante lata de sopa condensada, nas cores vermelho e branco. Depois, a Progresso tomou a iniciativa com sopa saborosas que não precisavam ser misturadas com água. A Campbell's reagiu ao partir para a iniciativa. Ela pegou um ensopado que não estava vendendo bem e chamou-o de sopa encorpada. E melhorou a conveniência de suas sopas com embalagens que podem ir ao microondas e latas de fácil abertura. A batalha continua.

A ofensiva tem origem na mente do líder de marketing e depois se torna um ato físico. Fique no escritório por uma semana e você encontrará problemas burocráticos suficientes para ficar outra semana no escritório. Passe uma semana em campo e você precisará passar outra. Tanto as atividades do escritório como as atividades em campo oferecem oportunidades para pensar em iniciativas. Contudo, existe uma diferença real entre a orientação e os resultados advindos das iniciativas geradas no escritório e das inspirações em campo.

QUINTO PRINCÍPIO

Possibilite o Movimento

Quando águas torrenciais arremessam rochas,
é por causa do movimento.

Portanto, um comandante habilidoso dá muita importância ao uso da situação para sua maior vantagem, e não exige demais de seus subordinados. Assim, ele é capaz de selecionar os homens certos e explorar a situação. Aquele que tira vantagem da situação usa seus homens na batalha como toras ou rochas rolando ribanceira abaixo. É da natureza das toras e rochas permanecer imóveis no terreno plano, e rolar em um desfiladeiro. Se forem retangulares, elas param; se forem arredondadas, elas rolam. Do mesmo modo, a energia das tropas comandadas com aptidão é como o movimento das rochas arredondadas, que rapidamente rolam por uma montanha de centenas de metros de altura. É isso que significa o "uso da energia".

— Sun Tzu

DEIXE O MOVIMENTO ACONTECER

A sabedoria convencional entre os treinadores de futebol é que um time pode controlar o movimento do jogo ao controlar três períodos:

Os primeiros cinco minutos do jogo
Os últimos cinco minutos do primeiro tempo
Os últimos cinco minutos do segundo tempo

Nesses momentos cruciais, um time pode ganhar ou perder o movimento.

ALMEJE O
ATAQUE CONTÍNUO

A ação ofensiva deve ser um processo contínuo. Só assim ela permite que você mantenha a liberdade de ação, encontre desenvolvimentos inesperados e determine o curso da batalha de marketing.

Todo grande comandante de todas as eras almejou o ataque contínuo porque, enquanto o movimento é mantido, a unidade está vencendo.

O mundo está cheio de "facilitadores" que ajudam a vender produtos. Os brindes e os cupons são facilitadores que ajudam os novos produtos a decolar e os produtos estabelecidos a ganhar movimento. Um conceito diferente de embalagem pode ser um facilitador.

O autor esteve envolvido no marketing do primeiro videogame. As vendas foram fracas. O termo *videogame* não tinha significado até que um jogo eletrônico de pingue-pongue, chamado Pong, apareceu nos aeroportos. O jogo que funcionava com moedas serviu como um facilitador — ou seja, ele gerou o interesse que permitiu que as vendas ganhassem movimento.

Tanto varejistas como atacadistas ganham movimento com eventos especiais de vendas e ofertas por tempo limitado. O importante é dar o primeiro passo e depois encontrar maneiras de ganhar movimento.

A Newell Corporation está facilitando o movimento ao colocar força nas linhas de frente. A empresa usa grandes equipes de representantes de campo para colocar seus produtos Rubbermaid e Sharpie em lugar de destaque nos principais varejistas.

Quando a Cervejaria Miller lançou sua cerveja Lite em mercados de teste, em 1973, ela não tinha idéia de que a cerveja inspiraria legiões de produtos "light" ou "lite". Lite é uma palavra inventada, que a Miller pegou de outra cervejaria. O produto certo na hora certa cria seu próprio movimento. As cópias dos concorrentes geram mais movimento.

A lição a ser aprendida com os fracassos na guerra e no marketing é que uma fórmula bem-sucedida deve ser constantemente reavaliada; caso contrário, com o tempo, ela pode se tornar um perigo. Se você não ouvir cuidadosamente o ritmo do mercado, seus clientes se afastarão — e a falta de vendas dirá tudo.

QUINTO PRINCÍPIO

Procure um Avanço

Use a força normal para entrar na batalha.
Use a força extraordinária para vencer.

O fato de todo o exército poder agüentar o ataque de inimigo sem ser derrotado deve-se às operações de forças extraordinárias e normais. As tropas lançadas contra um inimigo como pedras contra ovos é um exemplo do forte derrotando o fraco.

Em geral, na batalha, para um comandante adepto do uso de forças extraordinárias, os recursos são tão infinitos quanto os céus e a terra, tão inesgotáveis quanto o fluxo dos rios. Eles vão e vêm como os movimentos do sol e da lua. Morrem e renascem como as mudanças das quatro estações.

Não existem mais do que cinco notas musicais, mas as várias combinações das cinco notas produzem mais melodias do que jamais se poderá ouvir.

Não existem mais do que cinco pigmentos básicos, mesmo assim, misturando-os é possível produzir mais cores do que jamais se poderá ver.

Não existem mais do que cinco gostos principais, mas a mistura dos cinco produz mais sabores do que jamais se poderá provar.

Na batalha, não há mais do que dois tipos de posturas — operação da força extraordinária e operação da força normal, mas sua combinação gera uma série infinita de manobras. Pois essas duas forças são mutuamente reprodutivas. É como se mover em círculos, sem nunca chegar ao fim. Quem pode esgotar as possibilidades de suas combinações?

— Sun Tzu

USE O NORMAL PARA ENTRAR NA BATALHA, O EXTRAORDINÁRIO PARA VENCER

Você alcança um avanço de marketing ao aplicar a força combinada de vários princípios. Os estrategistas usam o termo apropriado *multiplicadores de forças* para descrever essa aplicação cumulativa.

Ao somar o poder de princípios adicionais, cada princípio adicional tem um efeito multiplicador. Não se trata de $2 + 2 + 2 + 2 = 8$, mas sim de $2 \times 2 \times 2 \times 2 = 16$.

Nas batalhas de marketing, é difícil considerar o princípio da Manobra de maneira independente do princípio da Concentração de Recursos porque a manobra é o processo de pensamento que molda como concentramos nossos recursos. Com bons sistemas de Inteligência, nos concentraremos no lugar certo, e a Ação Ofensiva liberará a energia. É assim que se organiza diversos princípios para se apoiarem mutuamente.

O problema é que seu concorrente está tentando vencer a mesma batalha. Ao aceitar o conselho de Sun Tzu sobre o uso do extraordinário para vencer, você consegue um avanço.

Por exemplo, não pense apenas em ter um ótimo estande em uma feira de negócios, vá até o extremo extraordinário de pensar como seu estande pode ser tão único que você "roube a cena" — isto é, que você receba todas as atenções na feira. Eu fiz isso ao empilhar um milhão de dólares em notas de um para dramatizar uma oportunidade de lucro e ao distribuir panteras cor-de-rosa de pelúcia com um metro e meio de altura no ato do pedido de um videogame da Pantera Cor-de-Rosa.

Todo mundo envia mala-direta, mas receber comida pelo correio é extraordinário. Ninguém joga comida fora. Eu usei um pote de mel para lembrar os clientes que poderíamos adoçar seus lucros, um pote de geléia de peras para anunciar um novo produto que vem em "pares", e uma caixa de cereal matinal com um anúncio do nosso produto no verso como um lembrete da campanha de propaganda.

Quando quis receber uma resposta, enviei as pilhas para serem usadas em um rádio que seria enviado gratuitamente quando recebêssemos o cartão de resposta. Apenas o coletor de impostos recebe mais respostas do que recebemos com aquela mala-direta.

Para conseguir um avanço, é preciso ser incomum. Isso não garante o sucesso, mas traz uma chance maior de obtê-lo.

QUINTO PRINCÍPIO

Tenha
Flexibilidade Tática

*A tática muda
em uma infinita variedade de maneiras
para se adequar às circunstâncias.*

Embora mostremos às pessoas a vitória obtida ao usarem táticas flexíveis para acompanhar as situações em constante mudança, elas não entendem. Todas as pessoas conhecem a tática por meio da qual chegamos à vitória, mas não sabem como as táticas foram aplicadas na situação para derrotar o inimigo. Assim, nenhuma vitória é obtida da mesma maneira que outra.

Portanto, não há posturas fixas nem táticas constantes na arte da guerra. Aquele que consegue modificar suas táticas de acordo com a situação do inimigo, e assim consegue vencer, pode ser chamado de divino. Dos cinco elementos, nenhum é sempre predominante; das quatro estações, nenhuma dura para sempre; dos dias, alguns são mais longos e outros mais curtos; e da lua, ela às vezes enche e às vezes mingua.

— Sun Tzu

"Oficiais militares dizem que nenhum momento único e decisivo influenciou o resultado [na guerra do Iraque]. A estratégia — desenvolvida para explorar os pontos fracos do inimigo e maximizar os pontos fortes americanos em tecnologia de armas, comunicações, vigilância e manobras — enfatizou a flexibilidade acima de tudo. Os comandantes em campo de batalha foram encorajados a improvisar de uma forma que alguns compararam com um quarterback* *berrando a plenos pulmões na linha de* scrimmage**".

— *New York Times*, 13 de abril de 2003

---

* N. da T.: *Quarterback* é o jogador de futebol americano responsável pelas jogadas ofensivas.
** N. da T.: *Scrimmage* é a formação dos jogadores em torno da bola.

NENHUMA VITÓRIA
É OBTIDA DA
MESMA MANEIRA QUE OUTRA

Enquanto as estratégias permanecem constantes, as táticas devem ser adaptadas a cada nova situação. A batalha pela participação no mercado é muito parecida ao cabo de guerra. Conforme cada lado exerce sua força, o outro reage com uma força contrária. O resultado é o empate.

Quando você não consegue alcançar o objetivo, o mero reforço de peso não é suficiente. Quando você se fortalece, é provável que seus concorrentes também se fortaleçam. Além disso, o sucesso que obtiveram em anular sua força também pode ter fortalecido o moral deles.

"Mais, melhor, mais rápido" não é uma tática nova. A organização deve voltar à prancheta de desenho para examinar a tática — os componentes de contato. É preciso examinar todo o mix de marketing para determinar o que está funcionando e o que não está.

O Império Romano descobriu que uma combinação de velocidade e mobilidade lhe conferia, ao mesmo tempo, flexibilidade ofensiva e defensiva. As tropas romanas podiam marchar 50 quilômetros por dia em uma extensa rede de estradas com todos os climas. As legiões podiam ser rapidamente distribuídas em volta do império para reagir conforme necessário. Essa rede deu a Roma mais flexibilidade na ofensiva e na defensiva.

É fácil fazer mudanças. O difícil é fazer as mudanças corretas. Já vi promoções que foram medíocres no primeiro ano chegarem a um sucesso notável no ano seguinte. Da segunda vez, todos tinham uma compreensão muito melhor de como jogar em suas posições. O ramo dos restaurantes de *fast food* é totalmente baseado na combinação certa de qualidade, valor, serviço e limpeza — QVSL é o mantra deles. Um descuido em qualquer um desses componentes, e o negócio vai por água abaixo. A Wendy's preza pela variedade. A Taco Bell procura a posição de preços baixos. O McDonald's visa a uma qualidade consistente.

A Nestlé está tentando manobrar o Kit Kat para levá-lo a uma posição de alternativa para o competitivo Mars (a barra de chocolate mais popular do mundo). Flexibilidade local é a chave. A fórmula do Kit Kat é diferente em quase todos os lugares. A versão russa é mais áspera que a versão alemã e não é tão doce. Cada variação do produto é resultado de uma pesquisa local de mercado. Peter Brabeck, antigo diretor de Marketing, e agora CEO, diz: "Não existe consumidor global no setor de alimentos e bebidas".

QUINTO PRINCÍPIO

Planeje uma Vitória Veloz

Apesar de termos ouvido falar da afobação estúpida na guerra,
ainda não vimos
uma operação inteligente que tenha sido demorada.

Ao dirigir um exército enorme, uma vitória veloz é o objetivo principal.

Se a guerra for demorada demais, as armas dos homens emperrarão e seu ím-peto se desanimará. Se o exército atacar cidades, sua força se esgotará. Além disso, se o exército se engajar em campanhas demoradas, seus recursos não serão sufi-cientes. Agora, quando as armas estão emperradas, o ímpeto desanimado, a força esgotada e os recursos gastos, governantes vizinhos tirarão vantagem do seu sofri-mento para agir. Nesse caso, nenhum homem, por mais sábio, é capaz de evitar as conseqüências desastrosas que se seguem.

Nunca houve um caso em que uma guerra prolongada tenha beneficiado um país. Portanto, apenas aqueles que entendem os perigos inerentes de empregar as tropas sabem como conduzir a guerra de maneira mais produtiva.

Assim, o que tem valor na guerra é uma vitória rápida, não operações demoradas.

— Sun Tzu

A MOBILIDADE LOGÍSTICA VENCE

Enquanto os oponentes de Napoleão marchavam nos ortodoxos 70 pas-sos por minuto, os franceses marchavam em um ritmo mais veloz, de 120 passos por minuto, uma marcha quase duas vezes mais rápida. Pense na vantagem competitiva que pode advir da capacidade de se mover duas vezes mais rápido que seu concorrente.

AS CONSEQÜÊNCIAS POSITIVAS DA VELOCIDADE PARA A OFENSIVA

Na China, a Ting Hsin International dominou o mercado de macarrão instantâneo durante cinco anos após a inauguração de sua primeira fábrica. O segundo irmão mais velho nessa empresa familiar descreve seu sucesso em uma série de lemas: "Ouse tentar". "Agarre as oportunidades." "Vá em frente."

Abrir novas lojas em novas regiões geográficas é a forma que muitos comerciantes planejam para um crescimento rápido. A Papa John's chegou a uma posição de líder na guerra das pizzas ao se expandir rapidamente para novos locais. Ao abrir 13 mil lojas em 60 países, a Subway moveu-se rapidamente para uma posição de destaque no mercado de sanduíches.

Novos locais de varejo são amplamente divulgados em um esforço para atrair rapidamente novos clientes. As "grandes inaugurações" enfatizam

1. *Preço:* Grátis é uma das palavras mais poderosas no português. Os varejistas usam a palavra "grátis" para chegar a um aumento rápido e de curto prazo no número de novos clientes que retornarão com freqüência.
2. *Eventos:* Na inauguração da primeira loja Best Buy em uma nova área metropolitana, as famílias fizeram fila dentro da loja. Por quê? O Homem Aranha em pessoa estava ali distribuindo fotos autografadas. As crianças agarravam revistas em quadrinhos do Homem Aranha e bonecos de pelúcia — todas esperando pela assinatura "autêntica".
3. *Educação:* Fornecer informações sobre produtos e serviços atrai pessoas com interesses especiais. Em uma recente inauguração de um mercado Weis Markets, na Pensilvânia, a grande atração foi um peixe-espada gigante, usado para mostrar aos clientes como cortar um peixe em postas para cozinhar.

O tempo pode ser seu pior inimigo e seu melhor aliado:

- Quanto mais tarde você começar, mais tempo será necessário.
- Se você aguardar a aprovação da matriz, será tarde demais.
- Tomadas de decisão rápidas produzem ações rápidas.
- Decisões demoradas inevitavelmente perdem sua qualidade positiva.

Sexto Princípio
Surpresa

*Se você pegar poucos homens
e fizer um repentino ataque-surpresa
em uma estrada estreita
com gongos e tambores
que soem alto,
até o maior exército pode ficar confuso.*

— "Wu Chi sobre *A Arte da Guerra*"
Século IV a.C.

SUN TZU: ESTRATÉGIAS DE MARKETING

ESTRATEGICAMENTE
A surpresa exige um planejamento habilidoso.

TATICAMENTE
A surpresa ocorre quando é tarde demais para seu oponente reagir.

A surpresa é a melhor maneira de conquistar o domínio psicológico e negar a iniciativa ao seu adversário.

Um texto militar diz: "Ataque primeiro e de forma inesperada, surpreenda na força, no ponto de ataque, e pela traição".

A SURPRESA NO MARKETING

A surpresa no marketing terá uma configuração diferente. Física e psicologicamente, a surpresa reprime a iniciativa de seu concorrente, permitindo que você ataque no momento ou no local em que ele está despreparado. Não é essencial que seu concorrente seja pego totalmente de surpresa, mas que ele tome ciência tarde demais para efetivamente reagir.

A surpresa no marketing ocorre principalmente quando as empresas não levam os novos concorrentes a sério. Na arena dos negócios, a surpresa normalmente não é um evento, e sim o resultado de reconhecer que algo indesejável está acontecendo.

O estrategista de negócios Bruce Henderson (fundador do Boston Consulting Group) diz que, se você quer surpreender, deve fazer coisas que seus concorrentes nunca verão como ameaça — tais como entrar no mercado em um segmento no qual vocês não competem diretamente. (Melhor ainda quando você escolhe entrar em um segmento de mercado que tenha um crescimento rápido.) Conforme cresce de tamanho e se expande para segmentos adjacentes, você se torna uma ameaça. Quando observadores externos olham para trás, parece que o recém-chegado era mais inteligente — na verdade, a surpresa foi alcançada por se desenvolver a partir de uma posição não ameaçadora.

Que fabricante americano de carros viu a entrada dos japoneses no seg-

SEXTO PRINCÍPIO

mento de carros pequenos da indústria automobilística como ameaça? Que varejista viu o Wal-Mart como ameaça durante seus primeiros anos? Anos mais tarde, a concorrência foi pega de surpresa.

A surpresa pode alterar decisivamente o equilíbrio de poder e chegar a um sucesso desproporcional aos seus esforços.

O SEGREDO É PARCEIRO DA SURPRESA

Não é difícil recordar batalhas militares em que o segredo teve um papel fundamental para o elemento-surpresa. Na Guerra do Golfo, as forças combinadas moveram unidades ofensivas lateralmente junto com a linha de frente até o ponto em que puderam avançar profundamente no Iraque sem encontrar oposição. Na Batalha de Bulge, os alemães moveram secretamente uma grande força por vários quilômetros. Na Guerra da Coréia, as forças da ONU não estavam cientes dos grandes exércitos que os chineses haviam instalado na Coréia do Norte.

A aplicação do ataque silencioso no marketing pode ser encontrado em empresas pequenas e privadas e em grandes corporações que ampliam sua própria estrutura gerencial. Nessas organizações, o segredo de marketing é mais fácil de manter do que em empresas com uma equipe de gerenciamento mais móvel.

Os profissionais de marketing que usam o segredo como ingrediente essencial da surpresa não falam sobre o assunto. O segredo permeia as lojas de departamento Nordstrom's, em que executivos relutam em falar sobre as conquistas da empresa ou seus modos operacionais. Assim como uma força militar que planeja uma invasão, a Southwest Airlines nunca anuncia um novo destino antes de realmente entrar no mercado. Ela não quer dar à concorrência tempo para lançar um contra-ataque. Para camuflar suas intenções, chega até mesmo a listar aeroportos que servem como "iscas" nas conversas com analistas.

Em Lima, Peru, executivos da empresa Phillips fizeram uma oposição bem-sucedida à introdução de um novo produto de alta tecnologia, planejada por um concorrente. Quando descobriram, na quarta-feira, que o concorrente estava planejando publicar o anúncio de um protótipo no domingo, eles lançaram seu próprio protótipo em uma conferência à imprensa no sábado. Como resultado, seu novo produto apareceu como "notícia" no mesmo jornal de domingo que continha o anúncio da concorrência.

SUN TZU: ESTRATÉGIAS DE MARKETING

Ao lançar um novo produto, sempre existe uma tendência de liberar as informações pouco a pouco no mercado. Um pequeno anúncio aqui, um comentário mais tarde, e quando o produto chega ao mercado, vários competidores já descobriram como impedir essa ameaça.

No desastre inglês em Gallipoli, as evidências mostram que os ingleses teriam tido sucesso se tivessem usado, logo no início, até mesmo uma pequena proporção das forças que usaram. Ao dividir as forças, eles perderam o elemento-surpresa e a oportunidade de atingir a superioridade.

SEXTO PRINCÍPIO

Planeje a Surpresa

Lance o ataque onde ele não estiver preparado;
entre em ação quando for inesperado.

Toda a arte da guerra é baseada na enganação. Portanto, quando formos capazes de atacar, devemos fingir que não somos; quando empregarmos nossas forças, devemos parecer inativos; quando estivermos perto, devemos levar o inimigo a crer que estamos longe; quando estivermos longe, devemos levar o inimigo a crer que estamos perto.

Ofereça uma isca para distrair o inimigo, quando ele almejar pequenas vantagens; ataque o inimigo quando ele estiver em desordem. Se ele estiver bem preparado com força substancial, tome precauções em dobro contra ele. Se ele for poderoso na ação, evite-o. Se ele estiver furioso, procure desencorajá-lo. Se ele parecer humilde, torne-o arrogante. Se suas forças estiverem bem descansadas, canse-as. Se suas forças estiverem unidas, divida-as.

Essas são as chaves da vitória para um estrategista. Entretanto, é impossível formulá-las detalhadamente com antecedência.

O inimigo muda seus preparativos e altera seus planos para impedir que os outros vejam suas estratégias. Muda seus acampamentos e marcha por caminhos tortuosos para que seja impossível antecipar seu objetivo.

— Sun Tzu

"A inação leva à surpresa, e a surpresa, à derrota, que, afinal de contas, é apenas uma forma de surpresa."

— Ferdinand Foch
Preceitos, 1919

UMA JOGADA-SURPRESA
PODE ALTERAR
O EQUILÍBRIO DE PODER

Era uma vez a Lever Brothers, a grande vencedora nas guerras da lavagem de roupas e das pastas de dente. Então a Procter & Gamble lançou o Tide como o primeiro sabão em pó sintético e a Crest como combatente das cáries. Quando as famílias trocavam suas máquinas de espremer roupa pelas novas máquinas de lavar automáticas, recebiam uma caixa de Tide. A aprovação da Sociedade Americana de Odontologia para a Crest deixou a Lever Brothers em apuros. As duas jogadas foram típicas surpresas de marketing — o concorrente tomou ciência da ação tarde demais para reagir com eficiência e foi forçado a tomar uma posição defensiva.

Um ex-aluno da Lever Brothers disse: "Foi difícil reinvestir em P&D*, marketing e modernização da fábrica. Tudo isso se alimenta de si mesmo. Os gatos gordos ficam cada vez mais gordos e os demais emagrecem". Outro antigo executivo diz que a derrota da Lever Brothers para a P&G gerou "uma notável falta de confiança... Os executivos da empresa estavam sempre tentando correr atrás do prejuízo e um complexo de inferioridade permeava as tomadas de decisão". Depois que a iniciativa é perdida, é difícil recuperá-la.

Atualmente, os principais produtos da Procter & Gamble estão sendo atacados pela Colgate e pela Kimberly Clark. A P&G sabia que a pasta de dente Total, da Colgate, estava entrando no mercado como a única pasta de dente aprovada pela FDA no combate à gengivite — mas não ficou preocupada. Deveria ter ficado, porque a Total passou a perna na Crest e acabou se tornando a número um em todos os países do mundo.

Durante anos, a P&G esteve no ramo de criar surpresa com novos produtos e aquisições. Depois caiu no ramo de gerenciar as surpresas.

A transferência do controle de marketing das mãos dos fabricantes poderosos para as mãos dos varejistas poderosos é um problema enfrentado por todos os produtores. Quando varejistas poderosos introduzem suas próprias marcas, os fabricantes poderosos não ficam exatamente surpresos, mas sentem a queda nas vendas.

---

* N. da T.: Pesquisa e Desenvolvimento.

SEXTO PRINCÍPIO

Gere o Desequilíbrio

Quando o ataque de um falcão destrói o corpo de sua presa,
é porque ele atacou no momento certo.

Assim, na batalha, um bom comandante cria uma postura que impõe um movimento irresistível e arrebatador, e seu ataque acontece no momento preciso e de forma rápida. A energia é similar a um arco completamente estendido; o momento certo, ao lançamento da flecha. Em meio ao turbilhão e ao tumulto da batalha, pode parecer que haja desordem, mas as tropas não estão em uma desordem real. Em meio à confusão e ao caos, suas tropas parecem rodar em círculos, mas elas são à prova de derrotas.

— Sun Tzu

"Crie uma série de eventos ameaçadores e gere o desequilíbrio repetidas vezes. Desoriente o inimigo. Atrapalhe suas operações. Sobrecarregue seu sistema.
Entre nos ciclos de percepção-orientação-decisão-ação do seu inimigo (em todos os níveis) ao ser mais sutil, obscuro, irregular e rápido — mas aparente ser o contrário.
Aumente o tempo de resposta de seu oponente ao mesmo tempo em que reduz seu próprio tempo de resposta."

— Cel. John Boyd
Anotações de Aula

INICIE O CICLO PERCEPÇÃO-ORIENTAÇÃO-DECISÃO-AÇÃO

No desenvolvimento de um novo produto, é preciso mais do que os conceitos básicos de alta qualidade, baixo custo e diferenciação para obter sucesso nos mercados mundiais de hoje. As novas regras incluem a velocidade e a flexibilidade como componentes-chave na introdução de produtos no mercado.

Na guerra do Iraque, informações sobre o paradeiro de Saddam Hussein dispararam o primeiro ataque. Essa manobra rápida é uma abordagem de-

SUN TZU: ESTRATÉGIAS DE MARKETING

senvolvida pelo coronel Boyd, que a definiu como piloto de combate. Boyd acredita que o sucesso envolve o uso da manobra, da surpresa, da enganação e da velocidade para encontrar uma fraqueza do inimigo.

Os pilotos de combate enfatizam a importância de "entrar" em um combate aéreo manobrando mais rápido que o oponente para que você possa mirar o avião do inimigo antes que ele saiba o que você está fazendo.

É preciso desequilibrar seu oponente com táticas rápidas e imprevisíveis que vão surpreendê-lo e confundi-lo. Quando seu adversário perceber o que você está fazendo, se orientar em relação a isso, decidir o que fazer e tomar uma atitude, já será tarde demais. Boyd chama isso de ciclo percepção-orientação-decisão-ação (PODA).

A chave da vitória, diz Boyd, é gerar o desequilíbrio ao operar em um ritmo mais rápido que o de seu oponente.

A aplicação ao marketing é descobrir como se mover mais rápido que seu concorrente. Isso exige ataques pesados de marketing contra o concorrente. Você gera o desequilíbrio quando assume uma posição no mercado antes que o concorrente possa entender o que está acontecendo. Podemos ver isso no lançamento rápido de novos produtos, quando os competidores lutam para reagir. Quando as grandes empresas lançam novas tecnologias, aparecem as maiores disfunções no mercado, porque os gigantes têm recursos para causar impacto.

Mover-se em um ritmo mais acelerado exige boas informações sobre seus clientes. Estar preparado e com conhecimento lhe dá confiança para agir com perspicácia e rapidez quando surgem as oportunidades.

Para surpreender, as forças de marketing devem agir rapidamente. A velocidade e a cautela são lados opostos da mesma moeda. Nunca se pode ter cautela e velocidade ao mesmo tempo. A surpresa tática geralmente é resultado da ousadia, da imaginação e da engenhosidade. Raramente ela será obtida pelo uso do óbvio.

SEXTO PRINCÍPIO

Deixe Seu Oponente Confuso

Contra os habilidosos no ataque,
o inimigo não sabe onde se defender.

Contra os especialistas em defesa,
o inimigo não sabe onde atacar.

Assim, quando o inimigo está à vontade, ele é capaz de cansá-lo; quando está bem alimentado, é capaz de fazê-lo passar fome; quando está descansando, é capaz de movê-lo. Tudo isso pode ser feito porque você aparece em lugares onde o inimigo deve se apressar para defender.

Você pode marchar mil li sem se cansar porque viaja por onde não há inimigos.

Você está certo de conquistar o local atacado porque ataca um local que o inimigo não quer ou não pode proteger.

Você tem certeza do sucesso em manter aquilo que defende porque defende um lugar que o inimigo tem dificuldade para atacar.

Como é sutil e insubstancial o fato de o especialista não deixar rastros. Como é divinamente misterioso o fato de ele ser inaudível. Desse modo, ele tem domínio sobre o destino de seu inimigo.

Sua ofensiva será irresistível se ele atacar os pontos fracos do inimigo; ele não poderá ser surpreendido enquanto recua se agir rapidamente. Portanto, se desejamos lutar, o inimigo será compelido a um embate ainda que esteja seguro atrás de cercas altas e trincheiras profundas. Isso se dá porque atacamos uma posição que ele deve proteger.

Se não desejamos lutar, podemos evitar que ele nos coloque em combate muito embora as linhas do nosso acampamento estejam meramente traçadas no solo. Isso se dá porque o desviamos daquilo que ele deseja fazer.

— Sun Tzu

ALGUMAS AÇÕES
EXIGEM DISCRIÇÃO
E ENGANAÇÃO

Misture a sutileza e o segredo para manter o oponente confuso de modo que ele não saiba onde atacar nem onde se defender.

O segredo em muitas empresas antes de uma feira de negócios poderia ser um modelo para a segurança nacional. As listas de preços são impressas no último minuto. Os produtos que serão exibidos ficam empacotados. Salas de exposição particulares em hotéis próximos são alugadas para colocar as mais novas "armas" secretas. Os clientes são admitidos nessas salas apenas "com a apresentação do convite".

Lembro-me de uma feira em que um concorrente anunciou um novo computador pessoal que seria vendido a um preço incrivelmente baixo. O produto estava exposto em uma redoma de vidro que só podia ser vista a alguns metros de distância. O sucesso anterior da empresa na introdução de produtos novos e singulares somou-se à crença de que este novo computador era real. Temendo esse novo produto, várias empresas iniciantes em potencial retiraram-se do mercado. Mais tarde, quando os concorrentes começaram a se dar conta de que o produto não seria concretizado, era tarde demais para reagir a tempo de aproveitar o melhor momento de venda. Foi uma jogada, saída diretamente das palestras do coronel Boyd sobre o ciclo PODA, quando ele disse: "Molde ou influencie eventos não apenas para enaltecer nossos espíritos e forças, como também para influenciar negativamente os adversários em potencial".

Os testes por mala-direta têm a vantagem do segredo. A venda particular anunciada aos clientes somente pela mala-direta é uma maneira de reduzir o conhecimento e a reação da concorrência. Em qualquer teste por mala-direta, você pode enviar um pequeno número para medir a resposta. Dependendo das projeções de lucro, você pode fazer um grande lançamento ou abandonar o projeto. Tudo é feito em silêncio. Raramente seus concorrentes tomarão conhecimento do que está acontecendo.

Faça um teste de mercado para os seus programas em áreas geográficas ou canais de distribuição que seus concorrentes não monitoram de perto, como os reembolsáveis militares.

Para confundir seu oponente, pense no tipo de ataque que um guerrilheiro lançaria, ou planeje o esforço de um ataque-surpresa em um segmento crítico do mercado.

SEXTO PRINCÍPIO

Seja Ousado e Intrusivo

*Aqueles que usam o fogo para auxiliar seus ataques podem
alcançar resultados tangíveis.
Quando a força das chamas já chegou às alturas,
ataque em seguida.
Aqueles que usam inundações podem tornar seus ataques mais poderosos.*

— Sun Tzu

O MERCHANDISING CHAMA A ATENÇÃO

Embora a responsabilidade do gerente de marketing seja desenvolver o produto e o planejamento certos (estratégia), e a do gerente de vendas seja realizar o casamento entre o produto e o cliente (tática), é preciso muito mais. O vínculo promocional entre o marketing e as vendas é chamado de merchandising. Nas organizações de varejo, o merchandising é uma importante função do gerente de Marketing. O merchandising inclui todas as coisas que você faz para obter uma atenção favorável para o seu produto.

O termo *merchandising* é encontrado com maior freqüência no varejo, em que as seleções de produtos são feitas e os displays de merchandising são projetados.

ABRA A MENTE

E ENTRE

NESSA ABERTURA

Os generais dizem que, se você quer vencer, deve desarticular o inimigo e explorar essa desarticulação.

O equivalente de marketing é ser

OU SA DO e ɪɴᴛʀᴜSɪVO

99

SUN TZU: ESTRATÉGIAS DE MARKETING

Isto é, a implementação do seu esforço de marketing deve ser projetada para abrir a mente do cliente e entrar nessa abertura com os benefícios do seu produto ou serviço. Sua maneira de se diferenciar do bando deve ser vigorosa e de bom gosto — não antipática.

As oportunidades para campanhas de marketing ousadas e intrusivas são infinitas — assim como os resultados. Para obter sucesso, a ação deve ser vinculada ao produto de forma memorável. Por exemplo,

- Quando empilhamos um milhão de dólares em notas de um dólar em uma feira de negócios, estávamos dramatizando uma oportunidade de lucro.
- Quando a Federal Express entregou 30 mil bolos de café em uma manhã de sábado, ela estava anunciando sua nova entrega aos sábados.
- Quando a Araldite colou a carcaça de um carro em um outdoor na Inglaterra, ela estava promovendo sua marca de cola.

O varejista que anunciou máquinas de remover neve no começo do verão estava sendo ousado e intrusivo. Ele chamou bastante a atenção e foi mencionado nos telejornais. Duas semanas depois, quando anunciou cortadores de grama, muitas pessoas sabiam quem ele era.

Às vezes, até mesmo pequenas coisas podem fazer uma grande diferença. Um antiquado carrinho de pipoca pode atrair uma multidão em uma feira de negócios. O aroma atrai as pessoas para fora dos corredores. Oferecer um saquinho de pipoca é uma oportunidade de contato pessoal. Imprima seu logotipo na sacola. Como gerente de propaganda de uma empresa de consultoria, liguei para a *Harvard Business Review* e perguntei qual foi a propaganda mais ousada e intrusiva que já publicaram. A resposta foi que ainda não haviam publicado nada assim, mas sugeriram anexar nosso folheto na embalagem plástica das edições enviadas aos assinantes. Foi o que fizemos. Mais de 200 mil assinantes viram nosso folheto em cima da revista quando removeram a embalagem plástica. Recebemos respostas de todos os lados.

Sétimo Princípio
Manobra

O principal para um exército é uma elasticidade plácida.
Se ele tiver isso, a força dos homens será suficiente.

— "Wu Chi sobre *A Arte da Guerra*"
Século IV a.C.

SUN TZU: ESTRATÉGIAS DE MARKETING

> *Estrategicamente*
> A manobra é uma maneira de pensar como chegar
> a uma posição de vantagem competitiva.
>
> *Taticamente*
> A manobra permite que você se concentre ou se disperse.

***Os atalhos mais fáceis são freqüentemente
defendidos com mais empenho; o caminho mais longo pode ser
o caminho mais curto para casa.***

A manobra é simplesmente um processo de se movimentar e agir para colocar seu concorrente em desvantagem. Sem pensar em como você pode manobrar, a idéia de lutar quando se está em menor número é absurda. Ao pensar nas manobras, você entende como atacar segmentos, contas ou mercados específicos onde você pode ganhar.

A manobra é o elemento dinâmico do marketing. É o meio que permite que pequenas empresas sejam concorrentes de empresas grandes, e que as empresas grandes fiquem ainda maiores.

As manobras em torno das linhas inimigas para atingir os pontos fracos são tão velhas quanto a guerra. A essência das manobras militares e de marketing está no fato de que a maneira de evitar o forte é atacar o fraco. Gerentes de marketing bem-sucedidos estão sempre procurando posições desocupadas ou mal defendidas no mercado. Exemplos de manobras em torno da força do concorrente podem ser encontrados em todos os setores.

Na indústria automobilística, o Ford Mustang original foi introduzido como um carro esportivo que não competia com os *sedans* familiares da época. O sucesso dessa abordagem foi revelado nas pesquisas, que indicaram que mulheres solteiras eram as proprietárias mais freqüentes. A Chrysler conquistou uma nova posição no mercado ao introduzir a minivan como uma alternativa viável para os carros de família como os *sedans* e as peruas. A minivan deu origem ao utilitário esportivo, outra categoria de produto em que os primeiros participantes tinham pouca concorrência.

Na indústria dos computadores, a Dell obteve um crescimento rápido ao

SÉTIMO PRINCÍPIO

manobrar em torno da estrutura de revenda diretamente para o consumidor final. Essa abordagem recebeu um forte apoio dos agentes de compra na indústria e no governo, gerando um grande volume de vendas.

O sucesso inicial de muitos produtos japoneses no mercado americano foi o resultado de um drible nos produtos existentes ao oferecer preços menores e maiores recursos. A combinação funciona.

OPORTUNIDADES DE ALAVANCAGEM

As manobras que visam a ganhar alavancagem por meio do relacionamento de compra e venda devem ser projetadas para trazer benefícios para ambos os lados. A alavancagem mútua é a chave dos programas de fidelidade do cliente: o vendedor se beneficia com o fluxo de receita, e o comprador se beneficia com o programa de prêmios.

Se o profissional de marketing dá ao consumidor pouca alavancagem, a venda pode se perder, junto com a oportunidade de um relacionamento de longo prazo. Se o profissional de marketing dá alavancagem demais ao consumidor, a venda e o relacionamento contínuo não serão lucrativos.

Os relacionamentos entre vendedores e compradores funcionam melhor quando existe uma alavancagem equilibrada. O vendedor deve conceder benefícios ao comprador; quanto mais benefícios, maior a alavancagem. O comprador deve ser um fator lucrativo no relacionamento de marketing — quanto mais lucrativa for a venda, mais ansioso fica o vendedor para oferecer serviços continuamente.

Os varejistas que se especializam em um número limitado de marcas estão tentando alavancar seu relacionamento com os fornecedores enquanto se concentram em um segmento de mercado. Outro tipo de alavancagem é usado pelos varejistas que vendem uma grande variedade de marcas; eles alavancam seu relacionamento com os fornecedores para obter o melhor negócio. Os dois tipos de alavancagem funcionam.

Um varejista conta: "Nós visitamos nossos principais fabricantes a cada seis meses. Nossos gerentes preparam apresentações com nossas necessidades, e o fabricante escuta — quero dizer, ele realmente escuta". Uma grande diferença das reuniões normais entre vendedor e comprador, nas quais apenas o vendedor faz a apresentação.

A regra da alavancagem é que você deve oferecer alavancagem para obtê-la. O negócio que não oferece qualquer alavancagem não obtém nada em retorno.

TÁTICAS DE MANOBRA

Parta para um ataque frontal apenas quando tiver uma força esmagadora e puder impor o ritmo. Os números brutos de recursos e poder de propaganda podem não ser suficientes para desalojar um competidor que esteja ocupando uma posição forte. Quando um guerrilheiro comercial inicia um ataque frontal, isso é chamado de jogar dinheiro fora.

Flanquear ao contornar a força funciona. Vemos isso acontecer todos os dias no varejo. Von Clausewitz disse: "Os ataques de flanco e de retaguarda são de longe os mais bem-sucedidos".

O objetivo do ataque-surpresa no marketing é alcançar um número máximo de contatos em uma quantidade mínima de tempo. É uma tentativa de se destacar ao atacar em uma frente ampla, desviando-se de qualquer resistência. O importante é a penetração, e não o domínio daqueles que estão resistindo.

Existe uma máxima militar que diz que a maior causa da derrota é a vitória. Quanto mais sucesso tivermos, maior a tendência de parar de fazer as coisas que nos levaram ao sucesso. É nesse momento que os relacionamentos de marketing se deterioram e os clientes partem para outros lugares.

SÉTIMO PRINCÍPIO

Escolha as Melhores Manobras

A vantagem e o perigo
são inerentes às manobras
em direção a uma posição de vantagem.

Aquele que não está a par dos terrenos dos vizinhos não deveria fazer alianças com eles. Aqueles que não conhecem as condições das montanhas e florestas, desfiladeiros perigosos, pântanos e mangues não podem conduzir a marcha de um exército. Aqueles que não usam guias locais são incapazes de aproveitar as vantagens do terreno.

— Sun Tzu

A LIÇÃO
DE GIDEÃO

A Bíblia conta a história da batalha dos midianitas perto do Monte Gilboa. Gideão, durante seu reconhecimento pessoal do inimigo, percebeu que os sentinelas inimigos estavam nervosos.

Para gerar pânico nas linhas inimigas, Gideão planejou um ataque noturno com uma força relativamente pequena. Cada um de seus 300 homens recebeu uma trombeta, um jarro e uma tocha. Convencido de que o Senhor estava do seu lado, ele deu a ordem de batalha — "a espada do Senhor e de Gideão". Os homens acenderam as tochas, esconderam-nas nos jarros, penduraram as trombetas, pegaram as espadas e foram em silêncio para as posições predeterminadas.

Quando os midianitas trocaram a guarda à meia-noite, Gideão deu o sinal. Seus homens tocaram as trombetas e sacudiram as tochas. No pânico que se instalou no campo midianita, as tribos lutaram umas contra as outras, enquanto Gideão e seus israelitas ficaram parados observando. E assim, outra batalha foi vencida pela estratégia de um comandante observador, que soube como usar a enganação para confundir o oponente.

SUN TZU: ESTRATÉGIAS DE MARKETING

Os princípios que Gideão usou fazem sentido para todo comandante de marketing:

1. O reconhecimento pessoal dá a idéia para a manobra certa.
2. A atenção aos detalhes e um bom trabalho em equipe ajudam.
3. Seja simples.

A MANOBRA CERTA VARIA DE ACORDO COM AS CIRCUNSTÂNCIAS

Ataque frontal: Um ataque cara a cara, no qual a maior força vence. O ataque frontal é uma ofensiva direta sobre um concorrente. Embora a maioria dos gerentes de marketing e empresários guerrilheiros devam evitar os ataques frontais, essa regra tem exceções. Por exemplo, um ataque cara a cara em um mercado de crescimento rápido pode não ser exatamente um ataque cara a cara.

Ataque de flanco: Um drible até uma posição desocupada ou mal defendida. O ataque de flanco é a manobra usada com maior freqüência. Diferentemente do ataque frontal, em um ataque de flanco a força é concentrada contra os pontos fracos. Os ataques de flanco são as entradas em novos mercados, e essa pode ser a forma mais lucrativa de crescer.

Ataque em escalão: Concentração de seus pontos fortes. Entre com um produto forte ou singular e construa a força da marca por meio desse relacionamento.

Realocamento da batalha: Encontrar uma nova guerra. Todo shopping center novo é uma tentativa de realocar a batalha geograficamente. Quando um executivo de uma agência de propaganda descobriu que seu cliente estava pensando em procurar uma nova agência, ele partiu para uma discussão sobre o que o cliente precisava fazer para ter sucesso. Ele disse: "Eu nem mencionei a concorrência. Eu simplesmente mudei o campo de batalha".

SÉTIMO PRINCÍPIO

Ataque-surpresa: Contornar os pontos fortes. Seja em contatos pessoais, mala-direta ou propaganda, o ataque-surpresa no marketing é um ataque em massa em um curto período de tempo.

Cerco: Negar recursos fundamentais. Procure expandir para todas as localidades que seu concorrente gostaria de dominar.

Defesa: Manter a posição. A defesa de marketing deveria ser, na maior parte do tempo, um intervalo estratégico — tempo para preparar outra ofensiva.

Postura Fabiana*: Recusar a batalha. A aplicação no marketing é não se engajar na propaganda competitiva e usar os recursos para outra atividade.

Guerrilha: Pegar o que conseguir. Seja móvel, flexível e superior no momento crítico do ataque.

Estratégia do general Pogo: Você conhece o inimigo. Ataque-o você mesmo.

Retirada: Sair do negócio.

---

* N. da T.: Preferência pela atitude defensiva do que pelo ataque aberto. Relativo ao general romano Quintus Fabius Maximus ou à sua estratégia na derrota de Aníbal, na Segunda Guerra Púnica.

Flanquear Quase Sempre Vence

*O difícil em manobrar
em direção a posições favoráveis com antecedência é
tornar o caminho tortuoso o mais direto possível
e transformar a desvantagem em vantagem.*

Ao forçar o inimigo a se desviar e diminuir sua marcha ao atraí-lo com uma isca, você pode partir depois dele e chegar antes no campo de batalha. Aquele capaz de fazer isso demonstra conhecimento do artifício do desvio.

— Sun Tzu

A ABORDAGEM INDIRETA

A abordagem indireta é uma versão divergente do ataque de flanco. As diferenças são sutis e visam a evitar que seu oponente saiba que você está direcionando sua força contra um ponto fraco.

Nunca fique cara a cara com a força. De aproximadamente 300 campanhas cobertas em um texto militar, em apenas 6 o resultado decisivo foi alcançado por meio da abordagem direta ao exército principal do inimigo. Lembre-se do ataque fracassado de Pickett, em Gettysburg. Quando os britânicos tentaram um ataque de baioneta montanha acima em Breed's Hill (Bunker Hill), perderam mil das 2.500 tropas.

FLANQUEAR PODE SER
UM ATALHO
PARA O SUCESSO

A manobra de marketing é, com freqüência, uma manobra de flanco que aloca a batalha em um lugar onde se pode ter superioridade. "Estar onde seus clientes estão e seu concorrente não está" é a maneira mais fácil de che-

SÉTIMO PRINCÍPIO

gar à vitória no marketing. Nos negócios, assim como na guerra, a melhor abordagem é aquela que lhe traz maior superioridade no momento decisivo.

Os produtos têm ciclos de vida; o mesmo acontece com as estratégias de distribuição. Por muitos anos, as únicas máquinas copiadoras eram fabricadas pela Xerox. "Xerocar" tornou-se um termo descritivo para "fazer uma cópia". A Xerox dominava o mercado. Foi quando uma minúscula empresa, que mal se sustentava pela venda de copiadoras em seus próprios escritórios, se introduziu em um canal de distribuição que havia sido negligenciado: os distribuidores de materiais de escritório. Conforme as copiadoras se tornaram mais simples e baratas, o velho sistema de distribuição tornou-se um dinossauro.

Existe uma diferença entre fazer o não-convencional e ignorar os princípios de marketing. Quando a Chick-fil-A tentou se instalar em um shopping center, os proprietários do shopping tentaram desencorajá-la. Diz o fundador, Truitt Cathy: "O pensamento, na época, era que um restaurante de *fast food* não tinha espaço em um shopping center". A abordagem indireta em direção a uma nova posição deu certo, e hoje a Chick-fil-A geralmente compartilha as praças de alimentação dos shoppings com outros restaurantes de *fast food*.

Na batalha dos automóveis, os alemães não atacaram diretamente os grandes carros americanos; em vez disso, manobraram para o flanco mal defendido na ponta mais baixa do mercado com o pequeno Volkswagen. Os japoneses copiaram a tática com o Toyota e o Honda e o...

O Holiday Inn inovou no ramo de hospedagem ao instalar motéis na periferia da cidade, onde não competiam com os hotéis do centro. A Dell fez uma manobra rumo ao canal de distribuição direta ao consumidor, evitando o varejista, e controlou sua mensagem. O resto é história. Existem milhares de variações de manobras de marketing para alcançar uma posição mal defendida.

O ataque de flanco pode estabelecer uma base para invadir o mercado central — ou pode se tornar o centro. Quando a Michelin inovou com os pneus radiais com cintura de aço, ela acabou mudando o mercado dos pneus diagonais para os radiais.

SUN TZU: ESTRATÉGIAS DE MARKETING

Concentrar ou Dividir

---

*Avance quando for vantajoso
e mude a tática pela dispersão
e pela concentração das suas tropas.*

Atualmente, a guerra é baseada na enganação. Quando em campanha, seja rápido como o vento; em marcha moderada, seja majestoso como a floresta; em ataque e saque, seja selvagem como o fogo; em posição, seja firme como as montanhas. Quando estiver se escondendo, seja insondável como o que está atrás das nuvens; quando avançar, caia como um trovão. Quando saquear uma área rural, divida suas forças. Quando conquistar um território, defenda pontos estratégicos.

Avalie a situação antes de avançar. Aquele que conhece o artifício do desvio será vitorioso. Essa é a arte da manobra.

— Sun Tzu

PENSE GRANDE; TRABALHE PEQUENO

Pense grande sobre aquilo que quer conquistar. Pense pequeno sobre como conquistar. Concentre-se nos indivíduos e nos pequenos grupos e em suas motivações. Os modelos macro são meramente uma colagem desses times.

"Quase todo mundo é a favor da descentralização — mas deles para cima, não para baixo."

— General W. L. Creech
The Five Pillars of TQM

SÉTIMO PRINCÍPIO

CENTRALIZAR
OU
DESCENTRALIZAR

Segmentar o mercado é uma maneira de vencer. O grito de guerra da segmentação é "alvo, alvo, alvo". Escolha um nicho ou partícula do mercado e sirva esse segmento melhor do que qualquer outra pessoa.

A primeira regra da segmentação é que você deve oferecer ao cliente um produto claramente diferenciado que preencha (ou crie) uma necessidade.

O ciclo de segmentação é uma série de mudanças na nossa visão de concentração de marketing:

- Primeiro vem o foco no produto. As necessidades do cliente são ofuscadas por uma ênfase em como projetamos e fabricamos o produto.
- A seguir vem o foco no mercado. A questão de como vamos melhorar a distribuição nos faz pensar em como atingir segmentos específicos do mercado.
- Finalmente, surge o foco no cliente. A organização vê o cliente como um indivíduo com quem um relacionamento deve ser estabelecido.

Empresas menores, que se concentram em um segmento muito específico do mercado, são as mais especializadas em se aproximar do cliente. Elas têm sucesso porque se concentram em fazer o que sabem e saber o que fazem. É possível ver esse tipo de segmentação nas livrarias infantis, lojas de tinta, restaurantes étnicos e lojas de alimentos.

No marketing de nicho, todos os recursos são concentrados em uma única categoria de produtos em uma oportunidade bem enfocada de marketing. Quanto menor o nicho, maior a certeza de "dominar" o segmento. Embora o estreitamento do segmento pareça torná-lo mais vulnerável, esse não é o caso. Um passeio por lojas especializadas em qualquer shopping center ou uma visita a um estande de sorvetes pode provar a viabilidade da segmentação.

A Honda chama sua estratégia de segmentação de "localização". A empresa constrói instalações onde estão os mercados, recebe os lucros e reinveste-os no local — o que a coloca perto do consumidor.

Marketing por meio da Força

*Um general sábio em suas deliberações
deve considerar os fatores
favoráveis e os desfavoráveis.*

Ao levar em consideração os fatores favoráveis, ele torna seus planos possíveis; ao levar em consideração os desfavoráveis, ele pode evitar possíveis desastres.

Existem algumas estradas pelas quais não devemos andar, algumas tropas que não devemos atacar, algumas cidades que não devemos invadir, alguns territórios que não devemos reclamar, e alguns comandos do soberano que não devemos obedecer.

Portanto, o general que compreende completamente as vantagens que acompanham a variação das táticas sabe como empregar as tropas.

O general que não sabe não é capaz de usar o terreno para sua vantagem, muito embora o conheça bem.

— Sun Tzu

GANHANDO ALAVANCAGEM

Essencial à alavancagem é a existência de um relacionamento ativo entre comprador e vendedor. Isso pode se dar em um dos três níveis: consumidor (massa), comprador (uma pessoa ou entidade que compra), ou cliente (mais pessoal). Quando um consumidor se torna um cliente, você tem mais alavancagem.

SÉTIMO PRINCÍPIO

AUMENTE OS PONTOS FORTES;
MINIMIZE
OS PONTOS FRACOS

Átila, o Huno, concentrou-se no terror, Frederico, o Grande, era mestre nas manobras, e Joana D'Arc construiu seu exército com uma liderança carismática. Tudo faz parte de fazer bem aquilo que você faz bem.

Concentre sua ofensiva ao alocar a maior quantidade de recursos em quem ou naquilo que esteja dando resultados. Maximize o suporte nas áreas em que ele gera maior volume de negócios. Invista em seus melhores clientes. Os negócios do McDonald's estavam melhores quando a empresa se concentrava na promoção para crianças (seus melhores consumidores) e ficaram piores quando sua atenção passou para os adultos.

Concentre seu tempo e seus esforços no fornecimento de recursos para continuar o avanço bem-sucedido, e não perca tempo nem recursos apoiando produtos fracos e ataques debilitados. Reforçar as fraquezas só traz fraquezas. Não há dúvidas do que é melhor.

Não é o sistema de gerenciamento que governa a escolha entre enfatizar pontos fortes ou pontos fracos; ao contrário, a escolha do sistema de ataque dita o sistema de gerenciamento. Um sistema que reforça os pontos fracos exige uma autoridade centralizada irradiando da matriz. Um sistema que enfatiza os pontos fortes prospera em uma cultura descentralizada.

O sistema de franquia reforça os pontos fortes. O nome da marca, sua identidade, seus produtos e serviços são comuns a todas as localizações. O gerenciamento e o quadro de funcionários são locais. Muitas organizações descentralizam os serviços de "balcão", onde o serviço pessoal é crítico, e centralizam as funções "internas", onde as forças tecnológicas podem ser utilizadas.

O marketing por meio da força funciona em todas as organizações e com todas as linhas de produtos. Vemos isso quando as empresas enxugam linhas de produtos para se concentrar em seus negócios centrais. Vemos isso na propaganda, quando as empresas se concentram na promoção de marcas e produtos de primeira linha. O ponto forte das lojas de desconto é o conjunto de preço e seleção. O ponto forte das lojas de departamento e das lojas de roupa é uma combinação de estilo e marcas famosas. O ponto forte das butiques é a especialização. Todos são bem-sucedidos quando enfatizam os pontos fortes.

Oitavo Princípio
Concentração de Recursos

As cinco armas têm cinco utilidades.

As longas defendem as curtas e as curtas ajudam as longas.

Se você revezá-las na luta, isso trará demora.

Mas se lutar com todas juntas, isso trará força.

Avalie a posição com cuidado e aja em conjunto.

É isso que se chama ação mútua.

— "Os Preceitos de Ssu Ma Jang Chu"
Século IV a.C.

SUN TZU: ESTRATÉGIAS DE MARKETING

> *ESTRATEGICAMENTE*
> A concentração é um compromisso administrativo
> com um marketing ofensivo.
>
> *TATICAMENTE*
> A concentração é sempre da força
> contra a fraqueza.

**Reúna uma força suficientemente superior
no local e no momento decisivos.**

A estratégia fundamental para o sucesso no ataque de marketing é planejar uma concentração de recursos em que

1. As necessidades foram identificadas.
2. A concorrência é fraca.
3. O potencial de lucros é alto.

Os níveis mais elevados de sucesso ocorrem quando os recursos são concentrados sempre que resultados decisivos podem ser alcançados de forma lucrativa.

Os ataques dão certo porque um estrategista sábio concentra as forças disponíveis. Uma manobra ousada, direcionada com precisão cirúrgica a um ponto fraco, pode trazer a vitória com baixos custos. Eisenhower fez isso com as forças combinadas no Dia D. A campanha de ilha em ilha realizada por MacArthur no Pacífico foi uma série de invasões em massa. Schwarzkopf libertou o Kuwait com forças concentradas nos pontos fracos.

Frederico, o Grande, referia-se à concentração como o "principal esforço". Ele dizia: "Se você quer travar uma batalha, deve reunir o maior número de tropas que puder, elas não podem ser melhor aplicadas em nenhum outro lugar. As mentes pequenas tentam defender tudo de uma vez, mas as pessoas sensatas olham apenas para o ponto principal; elas se defendem dos piores golpes e ficam ligeiramente machucadas se, com

OITAVO PRINCÍPIO

isso, puderem evitar um golpe maior. Quem tenta manter tudo, acaba ficando com nada".

A essência da concentração de recursos é *a concentração da sua força contra a fraqueza do oponente*. A concentração no marketing não é simplesmente um aglomerado de números, mas um foco de sua estratégia e tática de marketing.

Ao pensar em onde você vai se concentrar, procure os pontos fracos das forças do oponente. Na maioria das vezes, eles são encontrados em uma junção. Poderia ser entre localizações geográficas, entre linhas de produtos, no extremo inferior ou superior, ou em qualquer lugar onde exista uma linha divisória.

Se sua força de marketing é mais fraca que a de seu concorrente *e* se você luta cabeça a cabeça com a concorrência, você acabará com uma terrível dor de cabeça — ou sem cabeça nenhuma.

Napoleão escreveu: "Deveria ser adotado como princípio nunca permitir intervalos por onde o inimigo possa penetrar entre as diferentes divisões que formam a linha de batalha".

A concentração exige uma decisão sobre a distribuição de recursos. A questão é sempre a seguinte: comprometer todos os seus recursos em um esforço específico (apostar a empresa) ou manter uma reserva — e, se esse for o caso, quanto?

Quanto concentrar é um dilema para nós em tudo que fazemos, desde a distribuição de tempo até o planejamento dos gastos financeiros. Duas regras simples governam a concentração de recursos:

1. É um erro tentar se concentrar em tudo; o resultado é nenhuma concentração.
2. Quanto mais enfocada for sua concentração, maior a certeza de ter superioridade na vitória.

CONCENTRAÇÃO
NA PROPAGANDA

A propaganda é uma arma de marketing que demonstra seu poder de fogo ao capturar o interesse mental. A propaganda não é uma estratégia; é simplesmente uma arma em seu arsenal. Um pequeno gasto em propaganda normalmente não é muito mais eficiente do que gasto nenhum. Você deve encontrar uma maneira de ser ouvido acima do ruído de todas as outras propagandas que estão competindo pela atenção dos consumidores. O que você faz em propaganda e promoção deve ser único e direcionado com tanto cuidado que atravesse a multidão e atinja seu objetivo. Se você não consegue atingir a massa crítica de marketing, pode ser mais interessante usar seu dinheiro em outro lugar. Algumas empresas de sucesso se concentram na propaganda, e outras gastam pouco ou nada.

Na guerra, o tanque serve como uma força ofensiva que resolve todos os seus problemas de tática por meio do ataque. Podemos ir à falência tentando uma tática similar com a propaganda. A primeira regra da propaganda é direcionar a mensagem e a mídia para o mercado.

Uma pergunta feita com freqüência é: "Centavos empregados com inteligência podem derrotar dólares gastos com estupidez?" Isto é, a criatividade pode vencer o volume? O volume pode sobrecarregar o mercado, mas até mesmo os anúncios mais criativos precisam de exposição para ser eficientes.

A consistência é uma forma de concentração. A repetição constrói a identidade. A Coca-Cola fez isso com uma garrafa, a consistência da Maytag é o técnico solitário, a Marlboro tem seu homem "Marlboro", e a imagem consistente da Disney é um camundongo chamado Mickey.

Assim como a consistência funciona na propaganda, a inconsistência gera o fracasso. Mudanças excessivas na mensagem anunciada tornam confusa a identidade da marca.

Uma boa propaganda exige uma boa estratégia voltada para a venda do produto. Quando a estratégia é fraca, a execução normalmente muda da venda do produto para a venda do estilo de vida. A mensagem de comprar a marca se perde.

Quando a execução é fraca, a mensagem não penetra. Quando a execução supera a mensagem, o consumidor se lembra da execução e se esquece do nome da marca.

CONCENTRE-SE
EM SE CONCENTRAR

Outros métodos de concentração são discutidos nas páginas a seguir.

Nem todas as maneiras de almejar segmentos de consumidores foram experimentadas ou descobertas. Os vencedores serão aqueles que descobrirem novos meios de "possuir" um segmento, seguirem com essa estratégia

OITAVO PRINCÍPIO

enquanto ela funcionar e criarem novas estratégias quando as antigas forem superadas.

Você pode se concentrar em seus pontos fortes alavancando aquilo que faz bem. Você pode se concentrar no ataque a si mesmo em termos de qualidade, custos ou desempenho. Você pode até mesmo se concentrar na simplicidade — porque, afinal de contas, uma mensagem simples é apenas uma concentração de palavras.

SUN TZU: ESTRATÉGIAS DE MARKETING

Concentre a Força contra a Fraqueza

*A lei das operações de sucesso é evitar
a força do inimigo e atacar suas fraquezas.*

Agora, as leis das operações militares são como a água. A tendência da água é fluir do nível mais alto para o mais baixo. As águas mudam seu curso de acordo com os contornos do terreno. O soldado conquista sua vitória de acordo com a situação do inimigo.

*Conseqüentemente, a arte de empregar as tropas é a seguinte:
Quando estiver na proporção de dez para cada soldado inimigo, cerque-o.
Quando tiver força cinco vezes maior que a dele, ataque-o.
Se a força for duas vezes maior, trave combate.
Quando as forças estiverem em equilíbrio, divida-o.
Quando em número menor, seja capaz de se defender.
E quando em situação desfavorável em todos os aspectos, seja capaz de iludi-lo.*

*Assim, uma força menor acabará sendo capturada por uma força maior se simplesmente permanecer em sua posição e conduzir uma defesa desesperada.
Agora, a chave das operações militares está no estudo cauteloso dos planos do inimigo. Concentre suas forças na direção principal contra o inimigo e, a uma distância de mil li, você poderá matar o general. Isso é chamado de habilidade para alcançar seu objetivo de maneira astuciosa e engenhosa.*

— Sun Tzu

"A melhor estratégia é ser muito forte, primeiro, no âmbito geral; depois, no momento decisivo ... não há lei mais imperativa ou simples na estratégia do que manter as forças concentradas."

— Carl von Clausewitz
Da Guerra

OITAVO PRINCÍPIO

ENCONTRE UMA SUPERIORIDADE AVASSALADORA

A matemática dos negócios é tão simples quanto a proporção estabelecida por Sun Tzu para a concorrência, em 500 a.C.: nunca dê ao concorrente uma chance igual.

Os chineses comunistas acreditavam que a vitória só pode ser alcançada por meio de ataques contra áreas selecionadas, onde se tem uma superioridade avassaladora. Eles consideravam uma superioridade de 3 para 1 como o mínimo, mas preferiam proporções muito maiores — 10 para 1.

Ataque vigorosamente quando puder concentrar uma superioridade contra um ponto fraco na linha do oponente.

O ataque de marketing exige que você tenha superioridade. A História prova que, quando forças significativamente superiores se concentram no esforço principal, a vitória é garantida. A dúvida sempre é: quanto podemos utilizar e ainda ter lucro? O risco está sempre no fato de utilizar recursos insuficientes e perder. A concentração funciona em tudo e em qualquer lugar.

- *Estratégia:* aplique uma pressão consistente visando a concretizar iniciativas estratégicas fundamentais.
- *Propaganda:* use a repetição de um benefício claro e distintivo.
- *Promoção de vendas:* reforce a mensagem da propaganda.
- *Vendas:* mantenha o foco em sua proposta singular de venda.
- *Liderança:* concentre-se no desenvolvimento das pessoas.
- *Gestão:* seja consistentemente previsível.

Às vezes, a concentração é simplesmente a intensificação do esforço em uma única tarefa.

O ataque-surpresa é um tipo de concentração de marketing no qual você concentra seus esforços em uma única vizinhança, segmento de mercado ou tipo de consumidor por um período limitado de tempo.

Consiga uma Superioridade Relativa no Momento Decisivo

Se formos capazes de usar muitos para atacar poucos no local selecionado, aqueles com quem lidamos estarão em grandes dificuldades.

Do mesmo modo, ao expormos as disposições do inimigo e permanecermos invisíveis, podemos manter nossas forças concentradas, enquanto as do inimigo serão divididas. Podemos formar um corpo único e unido em um local, enquanto o inimigo distribuirá suas forças em dez lugares.

O local em que pretendemos lutar não deve ser conhecido. Dessa forma, o inimigo tomará precauções contra o ataque em muitos lugares. Quanto maior o número de lugares que ele guardar, menores serão as tropas que teremos de enfrentar em um dado momento.

Pois se ele preparar a frente, a retaguarda estará fraca; caso prepare a retaguarda, a frente estará frágil. Se ele fortalecer o lado esquerdo, o direito estará vulnerável; e se fortalecer o lado direito, haverá menos tropas na esquerda. Se ele enviar reforços para todos os lugares, ele estará fraco em todos os lugares.

A fraqueza numérica vem da necessidade de se preparar contra possíveis ataques; a força numérica vem de compelir o inimigo a se preparar dessa maneira contra nós.

— Sun Tzu

A ESSÊNCIA DA GRANDE ESTRATÉGIA É CONCENTRAR UMA FORÇA SUPERIOR NO PONTO MAIS FRACO

Em seu livro *Da Guerra*, von Clausewitz diz:

"Quando a superioridade absoluta não é possível, você deve produzir uma superioridade relativa no momento decisivo fazendo uso habilidoso daquilo que você tem."

OITAVO PRINCÍPIO

Em nenhum outro lugar do marketing a lição da vitória é expressa tão claramente em uma única frase:

Use os recursos disponíveis para produzir
uma superioridade relativa e empregue essa superioridade
em um momento decisivo.

Unidades pequenas vencem quando alcançam uma superioridade relativa. Esse é o princípio usado pelos guerrilheiros e pelos profissionais de marketing de nicho. Alcançar uma superioridade relativa tem sido a estratégia fundamental de todo general vencedor.

A aplicação no marketing é que você não deveria atacar a outra empresa, mas sim concentrar uma superioridade local nos produtos, serviços, localidades ou canais de distribuição concorrentes específicos.

A essência da superioridade relativa é empregar o poder máximo contra um ponto fraco quando isso fizer diferença. A superioridade relativa é freqüentemente obtida por meio de uma combinação de segredo e surpresa.

Para chegar a uma superioridade relativa, pense em publicar anúncios pequenos e consistentes no mesmo lugar das mesmas publicações, encontrar um nicho desocupado ou demonstrar drasticamente uma superioridade singular. Uma força inferior pode pensar estrategicamente em vencer se puder alcançar uma superioridade relativa em pontos de contato, como treinamento, crédito, garantia, tecnologia, capacidade de venda ou serviço. É assim que as pequenas empresas se tornam grandes empresas.

SUN TZU: ESTRATÉGIAS DE MARKETING

Atinja a
Massa Crítica de Marketing

*São dez para um
quando o atacamos em um lugar,
o que significa que somos numericamente superiores.*

Aquele que coloca o exército todo em marcha com todas as bagagens para buscar uma posição de vantagem demorará para alcançá-la. Se abandonar o acampamento e todos os equipamentos para sustentar sua vantagem, as bagagens e as tendas serão perdidas.

O que acontece é que, quando um exército junta suas armaduras e parte rapidamente, dia e noite sem parar e marchando em velocidade dobrada por cem li para obter uma vantagem, o comandante de três divisões é capturado. As tropas vigorosas chegarão primeiro e as debilitadas se arrastarão atrás, portanto, se esse método for usado, somente um décimo do exército chegará. Se a tropa realizar uma marcha forçada por cinqüenta li, o comandante da primeira divisão de vanguarda cairá, e ao usar esse método, só metade do exército chegará. Se a tropa realizar uma marcha forçada de trinta li, apenas dois terços chegarão. Assim, o exército estará perdido e sem bagagem; e não sobreviverá sem provisões, nem durará muito sem fontes de suprimento.

— Sun Tzu

CONCENTRE ENERGIA
PARA SUPERAR
A INÉRCIA NATURAL DE COMPRA

Napoleão disse de maneira bem simples: "A força deve ser concentrada em um ponto e, assim que a brecha for aberta, o equilíbrio será quebrado".

Atingir a massa crítica de marketing é o meio de chegar à vitória. Pesquise um ponto crítico no mercado, no qual você possa ter vantagem. A partir daí, empregue seus recursos para controlar esses fatores críticos. Você ganha par-

OITAVO PRINCÍPIO

ticipação no mercado onde tem vantagem — se tiver uma vantagem grande o suficiente, deve ser capaz de conquistar 100% do mercado.

A velocidade dos mongóis invariavelmente lhes dava superioridade de força no momento decisivo — o objetivo final de toda a tática. Ao aproveitarem a iniciativa e explorarem sua mobilidade, os comandantes mongóis, e não seus inimigos, selecionavam o momento de decisão.

A massa multiplicada pela velocidade cria brechas e constrói o movimento, assim no marketing como na fissão nuclear.

O juiz final que determinará se você atingiu a massa crítica é o consumidor. Sua decisão de comprar é o voto crítico.

A Jo-Ann Fabrics tem poucos concorrentes em seu principal negócio têxtil. Ela faz algo que poucos sabem fazer, e que menos ainda sabem fazer bem. Ela está em um ramo sujeito aos caprichos da moda, e ela atingiu a massa crítica ao

- Estocar uma ampla coleção de tecidos
- Cortar cada pedido de acordo com as especificações do cliente

É preciso muita percepção para determinar as questões essenciais, já que a fumaça dos negócios mascara o que está realmente acontecendo. De todas as coisas que precisam ser feitas, muitas são bons negócios, algumas são importantes, mas apenas poucas são realmente essenciais.

O assunto crítico no marketing pode ser o conceito certo de produto, o canal certo de marketing ou atacar o mercado certo, ou talvez sejam os elementos presentes em todo o processo, desde o fornecimento de material até a distribuição. Em todos os aspectos do negócio, existe uma massa crítica a ser atingida. Mãos à obra.

SUN TZU: ESTRATÉGIAS DE MARKETING

Construa um Trabalho em Equipe Vencedor

Eles virão em auxílio uns dos outros
assim como a mão esquerda ajuda a direita.

Golpeie a cabeça da cobra Shuai Ran, e você será atacado por seu rabo. Golpeie o rabo, e será atacado pela cabeça. Golpeie no meio, e será atacado pela cabeça e pelo rabo.

Caso alguém pergunte, "As tropas são capazes de uma coordenação instantânea como a da Shuai Ran," eu respondo: "Sim". Pois os homens de Wu e os homens de Yue são inimigos, mas se estiverem cruzando um rio no mesmo barco e forem pegos por uma tempestade, eles ajudarão uns aos outros assim como a mão esquerda ajuda a direita.

Assim, não é suficiente confiar em amarrar os cavalos e esconder as carroças. O princípio da administração militar é chegar a um nível uniforme de coragem.

Desse modo, um general habilidoso conduz seu exército como se estivesse conduzindo um único homem, por bem ou por mal, pela mão.

Os princípios gerais aplicáveis contra uma força invasora são que, quanto mais fundo você penetrar no território hostil, maior será a solidariedade das suas tropas, e, portanto, os defensores não poderão dominá-lo.

— Sun Tzu

"Quatro homens de coragem que não se conhecem bem não ousarão atacar um leão. Quatro homens de coragem que se conhecem bem, dignos de confiança, e conseqüentemente de ajuda mútua, atacarão sem hesitar. Em resumo, essa é a ciência da organização dos exércitos."

— Ardant du Picq
Estudos sobre o Combate

OITAVO PRINCÍPIO

O TRABALHO
EM EQUIPE VENCE

Evidências da importância do trabalho em equipe entre o estrategista e o tático podem ser vistas no desenvolvimento do tanque israelense Merkava. Nenhuma nação tão pequena havia construído um tanque antes.

A equipe de projeto, composta de oito pessoas (uma equipe de bom tamanho), incluía engenheiros, construtores de modelos e veteranos de tanques de guerra (uma boa mistura de especialistas). O líder da equipe, Tai, seguiu a filosofia de que um bom projeto não é o resultado de inspiração, mas de processos lentos, muitas vezes dolorosamente lentos, de solução de problemas (assim como nos negócios).

O projeto era radical em comparação aos tanques de outros exércitos. O motor foi colocado na frente como um pára-choque — isso permitia as inovadoras portas traseiras para a fuga da tripulação ou recolhimento dos feridos. Como o diesel não pega fogo facilmente, os reservatórios de combustível também foram colocados na frente para maior proteção. A munição de baixo calibre, que não tem propensão a explodir quando atingida, formava um pára-choque dentro da carcaça. As balas de canhão, que explodem com facilidade, foram armazenadas embaixo, em contêineres de proteção.

O Merkava provou seu valor em combate: os soldados feridos foram resgatados e foram raros os acidentes com queimaduras. O Merkava é um dos tanques mais baratos de sua categoria. Um especialista em blindagem do Pentágono diz: "Esse tanque é pesado demais, lento demais e não está equipado com armas suficientes. Mesmo assim, é um dos melhores tanques do mundo".

O processo de planejamento nunca pára. Cada engenheiro designado para o projeto foi enviado em combate para analisar o desempenho do tanque em primeira mão. Novas versões estão sendo continuamente desenvolvidas.

O paralelo com o marketing é simplesmente que os melhores produtos vêm do trabalho em equipe daqueles que conhecem a tecnologia e daqueles que têm experiência no campo. Nem o departamento de vendas nem o de marketing tem monopólio sobre as informações. O planejamento é importante e é necessário ter a estratégia certa. A implementação bem realizada também é crítica.

O CEO da Nestlé diz que a lição administrativa que aprendeu com o montanhismo foi: "Aprendemos cedo que nos saímos melhor quando trabalhamos em equipe. É assim que sobrevivemos. Não há nada pior do que ter uma equipe fraca".

SUN TZU: ESTRATÉGIAS DE MARKETING

O trabalho em equipe reduz os erros onerosos e aumenta a possibilidade de soluções brilhantes. Uma equipe de pessoas experientes, que coordenam seus esforços e estão concentradas em um objetivo de forma consistente, supera o desempenho de indivíduos que estão tentando chegar aos mesmos objetivos.

Os esforços solitários são *out*. O trabalho em equipe é *in* — se você quiser vencer.

Nono Princípio
Economia de Força

*Ataque na imobilidade da fraqueza
e evite a da força.*

*Se você usar uma tropa pequena, ela deve ser forte,
e se empregar uma tropa grande, ela deve ser disciplinada.*

*Ao usar uma tropa grande,
ela deve ser capaz de avançar e defender o território.*

*Ao usar uma tropa pequena,
ela deve ser capaz de avançar e bater em retirada.*

— "Os Preceitos de Ssu Ma Jang Chu"
Século IV a.C.

SUN TZU: ESTRATÉGIAS DE MARKETING

> *ESTRATEGICAMENTE*
> A economia de força exige um retorno do investimento.
>
> *TATICAMENTE*
> A economia de força aloca todos os recursos no esforço principal.

Avalie com exatidão onde aplicar seus recursos.

Este princípio militar revela o outro lado da moeda da concentração de recursos. Quando você se concentra em uma área, fica fraco em outras. Depois que você já decidiu onde se concentrar, a economia de força cuidará da alocação dos recursos.

A palavra *economia* no termo "economia de força" não se refere a economizar; em vez disso, refere-se ao uso eficiente dos recursos. O marechal Foch descreve a economia de força como a "arte de despejar todos os recursos em um dado local, a arte de usar ali todas as suas tropas".

A economia de força tem duas dimensões:

1. *Eficiência* — evitar a perda de tempo e recursos
2. *Eficácia* — chegar aos resultados certos

Uma orientação voltada para a eficiência nos faz colocar cada pessoa e cada parafuso no lugar certo, com o objetivo de maximizar as atividades mais quantificáveis (e mensuráveis) do poder de fogo da corporação. Isso leva a atividades orientadas por números, como a contagem dos recursos que serão despendidos.

Uma orientação voltada para a eficácia nos leva a providenciar os sistemas e as estruturas que desenvolvem os aspectos qualitativos (e menos mensuráveis) do poder de fogo da corporação. Isso leva ao raciocínio orientado para os resultados, como a forma de alocar os recursos para atingir o objetivo.

Se não formos eficazes, não precisamos ser eficientes. Pergunte à Texas Instruments sobre seu esforço fracassado com os computadores domésticos, à Ford sobre seu Edsel, ou à mercearia da esquina que fechou as portas.

Precisamos ser eficientes, mas não à custa de oferecer poder de fogo suficiente no ponto de venda. Uma vitória ineficiente é ruim, mas não tão ruim quanto perder — o que é extremamente ineficiente.

NONO PRINCÍPIO

A chave do sucesso é alinhar os recursos corporativos para se concentrar em iniciativas estratégicas predeterminadas.

NÃO DESPERDICE ENERGIA

As forças são desperdiçadas em ações como a Batalha do Golfo Leyte, conta o almirante Halsey, que conduziu sua excelente Terceira Frota em uma corrida de 480 km em alta velocidade contra uma armadilha, e depois voltou para buscar a frota principal, que ele nunca alcançou. De maneira similar, a reserva de d'Erlon, na campanha de Waterloo, marchou e contramarchou entre dois exércitos franceses, sem ajudá-los e incapaz de influenciar qualquer batalha.

Essas situações são análogas à do empreendedor que abre filiais em cidades distantes e passa tanto tempo viajando para lá e para cá que mal tem tempo para cuidar dos negócios.

LIDANDO COM CONFLITOS INTERNOS

É na busca pela eficiência na matriz e na análise de lucro das campanhas que os gerentes de marketing terão mais problemas com a burocracia.

1. Os executivos das áreas financeira e administrativa têm um posicionamento melhor para atacar os planos e a ação, enquanto os gerentes de vendas e de marketing devem defendê-los. A defesa contínua é impossível porque você sempre terá de se defender na posição escolhida pelo atacante. O problema é agravado pela natureza das conferências na matriz:

   - Com freqüência, os atacantes têm pouco conhecimento da realidade da situação de campo. Como não tiveram contato com os clientes, não fazem as perguntas certas.
   - Freqüentemente, o marketing está em uma posição em que pode apenas defender seus planos e ações porque os atacantes não têm qualquer plano nem ação.

2. Como os setores financeiro e administrativo não se identificam com as falhas de produtos ou o não-cumprimento de cotas, não recebem avaliações negativas quando as coisas não funcionam. Geralmente, aqueles que podem ser avaliados em assuntos específicos tendem a ser subavaliados.

SUN TZU: ESTRATÉGIAS DE MARKETING

Construa uma Força Interna

*O general que avança
sem ansiar pela fama
e recua sem temer a vergonha,
cujo único propósito é proteger seu povo
e promover os melhores interesses de seu soberano,
é a pedra preciosa do Estado.*

Se a luta não traz uma boa chance de vitória, não é preciso lutar, muito embora o soberano tenha dado a ordem de batalha.

Da mesma forma, se, sob a luz da situação existente, a luta certamente resultar em vitória, você pode decidir lutar mesmo que o soberano tenha dado ordem de não entrar em batalha.

— Sun Tzu

"Em assuntos militares, existem quatro oportunidades.

1. *Espírito. É quando os homens têm seus sentimentos influenciados exclusivamente por um homem.*
2. *Geografia. É quando a trilha é estreita e o caminho é íngreme, formando uma grande barreira, por meio da qual dez homens podem acuar milhares.*
3. *Circunstâncias. É quando, por meio do bom uso de espiões e do envio de pequenas tropas, as forças inimigas são dispersadas e sua lealdade aos superiores é abalada.*
4. *Poder. É quando os cubos e cavilhas das rodas das carruagens estão apertados, os remos e os lemes dos navios bem encaixados, os oficiais bem treinados para a batalha e os cavalos no ritmo certo."*

— "Wu Chi sobre *A Arte da Guerra*"
Século IV a.C.

NONO PRINCÍPIO

A PEDRA
PRECIOSA
DO ESTADO

Em 1943, o general Robert Wood Johnson estabeleceu um credo de 300 palavras para a Johnson & Johnson. O documento de uma página, conhecido como "Nosso Credo", se concentrava no serviço para quatro grupos. O primeiro parágrafo era dedicado principalmente aos clientes e dizia o seguinte:

"Cremos que nossa primeira responsabilidade é para com os médicos, enfermeiras e pacientes, para com as mães e todos os demais que usam nossos produtos e serviços.

Para atender suas necessidades, tudo o que fizer deve ser de alta qualidade. Devemos constantemente nos esforçar para reduzir nossos custos, a fim de manter preços razoáveis. Os pedidos dos nossos clientes devem ser pronta e corretamente atendidos. Nossos fornecedores e distribuidores devem ter a oportunidade de auferir um lucro justo"*.

Os parágrafos seguintes apresentavam o credo em relação aos funcionários, às comunidades e aos acionistas. Esse credo deu à empresa a força interna para deixar de ser uma empresa pequena e de capital fechado e se tornar uma corporação mundial reconhecida por sua integridade. O credo pode ser encontrado em muitas línguas no site e nas paredes dos escritórios da empresa.

B. H. Liddell Hart comenta, em seu livro *Strategy*, que "a queda dos Estados civilizados tende a vir não dos ataques diretos dos inimigos, mas da desintegração interna combinada com as conseqüências da exaustão na guerra". Assim como Napoleão em sua marcha sobre Moscou, algumas empresas são tão destruídas por suas próprias ações quanto pelo inimigo.

Muitas batalhas comerciais terminam porque a empresa esgota seus recursos financeiros. Seu fluxo de caixa e suas projeções de lucro devem considerar as contingências.

Recentemente, recebemos um e-mail enviado por um proprietário de restaurante a todos os seus clientes reclamando que os consumidores locais não estavam dando apoio ao seu estabelecimento. Algumas semanas depois, ele fechou o restaurante. De alguma forma, ele não conseguiu entender que não era culpa do cliente o fato de ele estar fechando as portas.

---

* N. da T.: "Nosso Credo", na íntegra, pode ser encontrado no site da J&J www.jnjbrasil.com.br.

SUN TZU: ESTRATÉGIAS DE MARKETING

Quase toda penetração bem-sucedida de um novo negócio em uma nova indústria teve sucesso porque o novo negócio oferecia mais recursos e benefícios a um preço que representava um valor distintamente melhor. Aventure-se no mercado com um produto que simplesmente diz "eu também" e logo estará voltando para casa com todo seu estoque.

Várias marcas antigas se foram. Por exemplo, um desinfetante de cozinha chamado Bon Ami tinha 85% de participação no mercado. Hoje em dia, é difícil encontrá-lo nas prateleiras. As evidências mostram que o Bon Ami sofreu essa queda como resultado das pressões dos concorrentes *e* de uma administração ruim.

Na tentativa de resgatar organizações problemáticas, existe um ponto além do qual a persistência do esforço se torna estupidez. Com freqüência, esse problema é visto nas empresas beirando a falência porque a administração ignora toda e qualquer boa prática comercial em um esforço para sobreviver.

NONO PRINCÍPIO

Escolha Suas Batalhas

Se não for pelo interesse do Estado,
não entre em ação.
Se não tiver certeza do sucesso,
não use suas tropas.
Se não estiver em perigo,
não trave combate.

Um soberano não deveria iniciar uma guerra simplesmente por raiva, nem um general deveria lutar uma guerra simplesmente por ressentimento. Entre em ação se for vantajoso para você; cancele a ação se não for. Um homem enraivecido pode ser feliz novamente, assim como um homem ressentido pode se alegrar de novo, mas um Estado que pereceu nunca pode reviver, nem um homem morto pode ser trazido de volta à vida.

Portanto, em relação ao assunto da guerra, o governante iluminado é prudente, e o bom general é muito precavido. Assim, o Estado se mantém seguro e o exército é preservado.

— Sun Tzu

Aquele que conquista uma vitória se torna imperador;
Aquele que conquista duas, rei;
Aquele que conquista três, senhor e protetor;
Aquele que conquista quatro fica exausto;
Aquele que conquista cinco vitórias sofre uma calamidade.
Assim, são poucos os que conquistaram um império por meio de muitas vitórias,
mas são muitos os que perderam um dessa forma.

— "Wu Chi sobre *A Arte da Guerra*"
Século IV a.C.

SUN TZU: ESTRATÉGIAS DE MARKETING

NÃO TRAVE BATALHAS
QUE NÃO PODE VENCER — NEM VENÇA
AQUELAS QUE PERDEM A GUERRA

Todos os gerentes são políticos no sentido de que desenvolveram a habilidade de lidar com as pessoas. "Política" demais ou de menos pode ser desastrosa. Sua posição política interna é determinada por aquilo que você faz e por aquilo que não faz.

A obrigação do gerente de Marketing é proporcionar a liderança do produto. A obrigação do gerente de Vendas é proporcionar a liderança na distribuição. Um não pode fazer o trabalho do outro. Essas restrições não são causadas por dificuldades pessoais, mas pelas posições na equipe.

Marketing e Vendas devem ser forças que se apóiam mutuamente na batalha comercial. Cada função do negócio deve ter como foco servir o cliente. Com muita freqüência, os departamentos desempenham papéis adversários. Essas guerras civis apenas desperdiçam recursos. O sucesso surge quando os gerentes que representam todas as disciplinas corporativas se levantam para cumprimentar uns aos outros por suas respectivas forças.

Preste atenção ao sábio conselho de Wu Chi, quando ele alerta sobre obter vitórias demais. Esse conselho se aplica às corporações que crescem rápido demais e às batalhas da política corporativa.

Você pode enfrentar o desastre quando trava batalhas demais nas lutas internas da política corporativa. Escolha as lutas que realmente importam e não se deixe levar por pequenas discussões. Podemos ver as conseqüências de travar batalhas demais quando as organizações preenchem cargos com pessoas de fora porque o pessoal interno capacitado fez inimigos demais ao vencer com muita freqüência.

Conforme os chefes mudam e as empresas passam por fusões, você terá uma ampla gama de superiores. Alguns desafiarão sua capacidade de sobrevivência. Mesmo que você precise se colocar no modo de sobrevivência para superar esses executivos psicóticos, cuidado com a tendência de permanecer no modo de sobrevivência após a saída desses executivos.

Estabeleça seu ritmo de forma que consolide seus ganhos e organize suas defesas — para que você tenha uma base sólida para organizar a próxima iniciativa.

NONO PRINCÍPIO

Seja Eficiente

Aqueles adeptos do uso de tropas não necessitam de uma segunda leva de recrutas nem de mais do que duas provisões.

Eles carregam o equipamento militar da terra natal e compõem suas provisões contando com o inimigo. Assim o exército sempre estará abundantemente abastecido.

Quando um país fica miserável devido a operações militares, é por que um exército longe de sua terra natal precisa de um transporte distante. Ser forçado a carregar equipamentos por longas distâncias deixa as pessoas miseráveis. Por outro lado, o preço local das mercadorias normalmente é elevado na área próxima dos acampamentos militares. Os preços altos levam ao esgotamento dos recursos financeiros.

Quando os recursos se esgotam, os camponeses sofrem devido a exigências urgentes. Com essa diminuição da força e esse esgotamento da riqueza, todos os lares da terra natal ficam vazios.

Sete décimos da renda da população são dissipados e seis décimos da renda do governo são empregados na substituição de carruagens quebradas, cavalos exaustos, armaduras e capacetes, arcos e flechas, alabardas e broquéis, lanças e escudos, bois para tração e carroças pesadas.

Assim, um general sábio garante a obtenção de provisões com os países inimigos.

— Sun Tzu

O LUCRO É UMA EXIGÊNCIA PARA SOBREVIVER

A economia de força exige que você faça uma análise de lucro de cada campanha. Seus gastos para chegar à vitória devem produzir resultados lucrativos.

A operação Market Garden do marechal Montgomery na Segunda Guerra Mundial foi descrita por um historiador militar como "um salto de 80 quilômetros levando a lugar nenhum". Um filme sobre esse avanço foi intitulado *Uma Ponte Longe Demais*.

"Uma ponte longe demais" pode acontecer quando as organizações se

SUN TZU: ESTRATÉGIAS DE MARKETING

expandem com muita velocidade. O infame colapso das empresas pontocom na indústria dos computadores é um grande exemplo.

Podemos ver outros efeitos desastrosos da violação do princípio da economia de força quando as empresas caem na farra das aquisições, ou quando os varejistas abrem filiais demais com muita velocidade, ou quando as empresas permitem um número exagerado de franquias. O problema não é o movimento para a frente, mas a velocidade acelerada desse movimento. Assim como uma planta com excesso de fertilizante, a organização é esgotada por seu próprio crescimento. A estrutura financeira, os sistemas de gestão e os recursos humanos precisam de tempo para amadurecer.

É possível que o crescimento acelerado de um negócio em uma indústria em crescimento acelerado fracasse por se expandir além de suas capacidades de fluxo de caixa. Assim como na guerra, quando o avanço ultrapassa as linhas de suprimento, a unidade fica altamente vulnerável. Em qualquer negócio de crescimento acelerado, a primeira desaceleração econômica pode ser uma catástrofe.

Quando visitei proprietários de pequenos negócios que estavam em dificuldades, pude ver onde o proprietário havia iniciado sua carreira ao observar onde passava seu tempo. Uma pessoa que iniciou na área de serviços estaria nesse departamento tentando encontrar uma solução para o problema através do serviço. Um proprietário com um histórico financeiro estaria no escritório tentando uma forma administrativa de solucionar o problema. Em momentos de estresse comercial, recorremos aos nossos conhecimentos básicos para solucionar os problemas. Fazemos aquilo que sabemos, e muitas vezes não é isso que precisa ser feito.

Décimo Princípio
Estrutura de Comando

*Na guerra, não é difícil lidar com um exército,
mas encontrar homens para lidar com ele.*

*Não é difícil conseguir que lidem com ele,
mas conseguir que o façam adequadamente.*

*Não é difícil saber como fazer,
mas ser capaz de executar.*

— "Os Preceitos de Ssu Ma Jang Chu"
Século IV a.C.

SUN TZU: ESTRATÉGIAS DE MARKETING

> *ESTRATEGICAMENTE*
> A estrutura de comando fornece os elos da corrente
> para que todos os outros princípios possam ser eficazes.
>
> *TATICAMENTE*
> A estrutura de comando proporciona tanto a liberação
> quanto a união dos recursos humanos.

O processo de gestão libera o poder dos recursos humanos.

O Exército Americano chama esse princípio de "unidade de comando". Deve haver uma ação coordenada rumo a um objetivo comum, e essa coordenação é melhor alcançada quando se investe de autoridade um único comandante.

Napoleão considerava a unidade de comando como o primeiro pré-requisito para uma guerra bem-sucedida. Para ele, isso significava a orientação das tropas sob sua direção. Normalmente, comandantes fortes consideram o controle forte e unificado como uma exigência organizacional. Entretanto, a unidade de comando foi responsável tanto pelo sucesso quanto pela queda de Napoleão:

1. Sua organização ficou tão grande que, sem um estado-maior geral bem organizado, não era mais possível comandá-lo, até mesmo para um gênio.
2. Os marechais de Napoleão não foram promovidos para comandar, mas para obedecer; assim, ele não tinha "comandantes" habilidosos em seu estado-maior geral.
3. Seus inimigos reconheceram sua própria falta de unidade e, se recusando a lutar de forma independente, organizaram uma aliança.

Fica claro que alguém precisa estar no comando. Quando todos decidem fazer tudo, ninguém realmente decide nada. Governar em conjunto se torna governar pela concessão e pela mediocridade. O resultado inevitável, quando as decisões são tomadas por "todos", é que ninguém é responsável.

DÉCIMO PRINCÍPIO

Fica claro que alguém precisa estar no comando. Napoleão compôs a assembléia geral dizendo: "Um general ruim é melhor do que dois bons".

Fica claro que alguém precisa estar no comando. A estranha capacidade das comunicações modernas, de atingir os recantos mais remotos, tende a concentrar todo o poder em uma única pessoa, que, devido ao trabalho excessivo, freqüentemente está sobrecarregada.

Pode parecer que os extremos da comunicação – governar em conjunto e concentrar o poder – não funcionam bem. Não há sistema de comando que seja melhor para todas as organizações. Sistemas de comando radicalmente diferentes uns dos outros levaram a resultados igualmente bons.

A gestão extremamente centralizada de uma organização de marketing faz com que os gerentes de campo "coloquem seu rabo na reta". Em estruturas muito centralizadas, o sucesso de um gerente na organização depende mais de como ele se relaciona com seus superiores do que com os clientes. Como resultado, esses gerentes e a organização perdem o contato com o mercado, e o desastre se segue.

Algumas soluções exigem sua presença no campo; outras exigem bons sistemas de comando. Se quiser levar seu marketing para perto do consumidor, dê poder àqueles que estão perto do consumidor.

ORDENS *VERSUS* INSTRUÇÕES

Não dê ordens do alto de sua torre de marfim para serem obedecidas com exatidão. As ordens só devem ser dadas quando você está presente na cena de ação.

Quando você não está presente, as instruções devem servir como orientações. Geralmente, essa é a melhor opção porque leva a tomada de decisão para mais perto do cliente.

Cuidado com a tendência de corrigir um problema dando ordens que destroem a iniciativa e a liberdade de ação. Não crie uma nova regra para cada circunstância. Você pode corrigir um erro ocasional, mas pode não ser capaz de recuperar um cliente perdido porque alguém seguiu as ordens ao pé da letra.

PODER NA LINHA DE FRENTE

Talvez as informações disponíveis para a matriz nunca sejam tão precisas e exatas quanto desejamos. As respostas rápidas, exatas e decisivas aumentam quando as decisões são tomadas de um ponto mais próximo da ação.

O conceito de poder na linha de frente, adaptado do exército israelense, concede ao campo flexibilidade máxima em todas as áreas, exceto aquelas relacionadas à seleção de objetivos. Embora os comandantes de campo possam conquistar os objetivos por quaisquer meios que considerem necessários, não podem mudar os objetivos.

A aplicação comercial que conhecemos como *empowerment* exige uma identificação clara dos limites da autoridade. O verdadeiro *empowerment* acontece quando esses limites são estendidos ao máximo. O treinamento garante que a autoridade seja usada adequadamente.

Todas as pessoas, em todos os níveis, deveriam estar conscientes de que a omissão e a inatividade são muito piores do que recorrer ao expediente errado.

O SISTEMA DE COMANDO
ORIENTADO À MISSÃO

Com este sistema, os gerentes dizem ao seu pessoal o que fazer, mas não como fazê-lo. Aqui está como foi originalmente descrito nos serviços militares:

1. A missão deve expressar a vontade do comandante de forma que não dê margem a erro.
2. O objetivo, o curso de ação e as restrições à missão (tais como tempo) devem ser claros e definidos, sem restringir a liberdade de ação mais do que o necessário, sempre visando a fazer uso da iniciativa dos indivíduos responsáveis por levar a tarefa a cabo.
3. Limites quanto ao método de execução, dentro dos moldes da vontade do comandante supremo, são impostos somente quando for essencial para a coordenação com outros comandantes.

A tradução comercial é simples:

1. Transmita uma compreensão clara da missão. Isto é, estabeleça o objetivo e as metas.
2. Permita liberdade na maneira de proceder. Não controle as atividades necessárias para chegar ao objetivo.
3. Estabeleça apenas as regras absolutamente necessárias.

DÉCIMO PRINCÍPIO

Eleve
o Moral

Para matar o inimigo,
nossos homens devem ser levados pela raiva.

Para conquistar a propriedade do inimigo,
nossos homens devem ser recompensados
com troféus de guerra.

Conceda recompensas diferentes da prática normal e dê ordens diferentes da convenção e você poderá comandar todo um exército como se fosse apenas um homem.

Do mesmo modo, na batalha em carruagens, quando mais do que dez carros são capturados, aqueles que capturaram as carruagens inimigas primeiro devem ser recompensados.

Então, as bandeiras do inimigo devem ser substituídas pelas nossas; as carruagens capturadas misturadas com as nossas e dirigidas por nossos homens.

— Sun Tzu

É por meio da gentileza que as pessoas recebem auxílio e por meio do dever que fazem a guerra.

- *Pelo conhecimento, os assuntos são decididos.*
- *Pela coragem, as pessoas lutam.*
- *Pela confiança, são unidas.*
- *Pelo lucro, são estimuladas.*
- *Pela capacidade, chegam à vitória.*

— "Os Preceitos de Ssu Ma Jang Chu"
Século IV a.C.

SUN TZU: ESTRATÉGIAS DE MARKETING

O ESPÍRITO HUMANO PODE SER O FATOR MAIS IMPORTANTE DO SUCESSO, MAS APENAS QUANDO DESENCADEADO POR COMANDANTES EXPERIENTES

O moral é um subproduto da boa administração. Embora o alto moral seja um componente da boa administração, ele não é um objetivo separado. O alto moral acontece quando os líderes fazem as "coisas certas".

Napoleão acreditava que "o moral está para o físico como três está para um". Ou seja, a força moral tem três vezes o poder da força física. Na busca por eficiência, muitas vezes ignoramos a pressão avassaladora que essa força moral pode trazer para sustentar a eficácia. Nos negócios, a força moral pode ser organizada em torno da crença de que estamos fazendo a coisa certa.

O Capitão H. M. Johnstone escreveu: "Está armado três vezes aquele que lutou com justiça e cuja história mostra que a garantia de que seu deus está lutando ao seu lado e o fato de estar lutando a batalha de seu deus deixam sua espada mais afiada e colocam mais força em seu braço que qualquer outra coisa".

A doutrina do Palmach* israelense era de que os oficiais deveriam "puxar" seus homens atrás de si e ser os primeiros a avançar, em vez de "empurrar" seus homens por meio de ordens diretas. Em uma retirada de uma montanha perto de Jerusalém, a única maneira de salvar pelo menos parte das tropas era deixar para trás uma retaguarda que muito provavelmente seria morta. A ordem foi dada: "Todos os soldados baterão em retirada; todos os comandantes darão cobertura".

A aplicação comercial geralmente toma um rumo diferente – os melhores pára-quedas são dados aos executivos de posição mais elevada enquanto os "soldados rasos" devem se virar sozinhos. Quando os executivos da American Airlines pediram redução salarial para os funcionários e mantiveram grandes bônus para si, os empregados, cujo moral já estava baixo, explodiram de raiva.

O General James H. Merryman, antigo subchefe de equipe do Exército

---

* N. da T.: Palmach são as tropas de choque da Haganá – organização de defesa da colonização judaica e precursora do Exército de Defesa de Israel – no período do mandato britânico na Palestina e da Guerra da Independência.

DÉCIMO PRINCÍPIO

diz: "É preciso dar um bom exemplo. Não se pode apenas dizer belas palavras. Talvez você engane seu colegas e superiores às vezes, mas não poderá enganar seus subordinados. Há milhares de pequenas coisas que somente as tropas verão. Depois de 6 meses, eles o conhecerão – ou o respeitarão, e farão qualquer coisa por você, ou apenas o tolerarão".

SUN TZU: ESTRATÉGIAS DE MARKETING

Ganhe Força com a Vitória

Os prisioneiros de guerra deveriam ser tratados e mantidos com gentileza.

A isso chamamos "fortalecer-se enquanto se derrota o inimigo".

— Sun Tzu

BUSQUE COESÃO

Os comandantes chineses acreditavam que a assimilação bem-sucedida das forças do inimigo era importante. Um dos contemporâneos de Sun Tzu escreveu:

"Todos os soldados capturados devem ser bem cuidados com magnanimidade e sinceridade – para que possam ser usados por nós".

— Chang Yu

A retenção da equipe de linha de frente após uma aquisição é de especial importância para o profissional de marketing, porque são eles que conhecem seus clientes – e são conhecidos pelos clientes.

AS PESSOAS FAZEM AS AQUISIÇÕES TEREM SUCESSO OU FRACASSO

Os comentários a seguir são fragmentos de um relatório do guru do varejo Robert Kahn, cujas observações são baseadas em um estudo militar dos Rangers do Exército Americano.

DÉCIMO PRINCÍPIO

O fato de os Rangers terem tido sucesso foi fortemente influenciado pela qualidade das forças inimigas. A qualidade não era tanto a soma das capacidades individuais dos Rangers medida contra a soma das habilidades do inimigo, mas sim a coesão relativa e o moral das forças empregadas ... (Vitórias significativas dos Rangers foram conseguidas contra inimigos que tinham perdido a maior parte de sua integridade tática.)

Quando os Rangers perderam a coesão, também ficaram menos eficientes. Contudo, a perda de coesão dos Rangers foi menos tática que moral, e ocorreu devido à contratação de novos homens para substituir as baixas. Esses novos homens não haviam estado com os Rangers quando foram chamados, não foram treinados com os Rangers originais, e não estavam tão completamente integrados com os Rangers quanto os homens que estavam com eles desde o início. (Os Rangers foram derrotados em diversas batalhas que envolviam unidades que recentemente haviam sofrido uma grande perda nessas tropas integradas.)

Kahn analisou situações comparáveis no varejo e descobriu que muitas empresas adquiridas desapareceram após a aquisição. No caso das empresas adquiridas, o novo e o antigo não foram integrados de maneira adequada – o mesmo problema que os Rangers tiveram com os recém-chegados, que não haviam sido treinados com os antigos.

Kahn destaca que a mudança freqüente de oficiais de comando não ajudou os Rangers – e também não ajuda nos negócios. Ele diz: "Acreditamos demais em nossos planejadores financeiros e pouco em nossos gerentes de pessoal".

Com muita freqüência, a aquisição resulta em uma faxina de pessoas competentes e qualificadas. As demissões de funcionários após as aquisições reduzem o sentimento de lealdade. As pessoas percebem que muitos anos de serviço fiel podem ser jogados pela janela quando chegam as tropas da aquisição.

Os executivos de cargos mais elevados têm razão para se preocupar quando a empresa é adquirida. Em empresas maiores, cerca de 50% saem nos primeiros três anos após a aquisição. Como é de se esperar, os gerentes de equipe saem mais rápido que os gerentes operacionais.

O resultado é que a empresa adquirida fica mais fraca antes de ficar mais forte – se chegar a sobreviver.

Seja qual for o lado em que você está em uma aquisição, o marketing sempre deve se preocupar mais com o efeito dela sobre o cliente.

SUN TZU: ESTRATÉGIAS DE MARKETING

De Volta ao Básico

As chances de fracasso são altas
quando as regras que garantem a vitória são ignoradas.

Existem cinco pontos em que a vitória pode ser prevista:

1. *Aquele que sabe quando lutar e quando não lutar.*
2. *Aquele que entende como lidar com as forças superiores e inferiores.*
3. *Aquele cujas tropas estão unidas em um propósito.*
4. *Aquele que está bem preparado e aguarda um inimigo que não está bem preparado.*
5. *Aquele cujos generais são capazes e não sofrem interferência do soberano.*

É nesses cinco pontos que o caminho para a vitória é conhecido. Portanto, eu digo:

Conheça o inimigo e conheça a si mesmo e poderá travar centenas de batalhas sem correr risco de derrota.

Quando você não conhece o inimigo, mas conhece a si mesmo, suas chances de vencer e perder são iguais.

Se você não conhece nem o inimigo nem a si mesmo, é certo que será derrotado em todas as batalhas.

— Sun Tzu

JOGUE
PELOS
FUNDAMENTOS

O técnico da equipe de futebol americano da Universidade do Tennessee no campeonato nacional, Philip Fulmer, oferece essas regras básicas de treinamento que podem ser aplicadas ao sucesso no marketing:

Enfatize os fundamentos: Um time não precisa ter os melhores jogadores para vencer se os jogadores tiverem fundamentos sólidos. Um time de

DÉCIMO PRINCÍPIO

futebol americano bem fundamentado sempre bloqueia e derruba melhor que seus oponentes. Quando estiver em apuros, volte aos fundamentos.

Acredite no sistema: A formação não é crítica contanto que você faça o melhor uso de seu pessoal. A chave é ensinar os fundamentos dentro de um determinado sistema e levar todos a acreditar que o sistema usado traz a melhor chance de sucesso.

Seja flexível: Os ajustes que um técnico pode fazer dependem da flexibilidade do time dentro do sistema, de quanto os jogadores sabem e de quanta experiência o técnico tem.

Conheça as estatísticas: "Eu imaginava que tínhamos de 60 a 70% de chance de sucesso de partir para dois pontos depois do *touchdown* porque a jogada começa na linha de 3 jardas do adversário. Quando estudei as estatísticas, descobri, para minha surpresa, que a média nacional de sucesso era de apenas 41%. Quando revisei nossos registros, descobri que tínhamos um índice de conversão de 44%. Estávamos apenas 3 pontos na frente da média nacional". Esse é o tipo de dado que faz um técnico parar e pensar antes de partir para os dois pontos.

Trabalhe a partir de uma estratégia sólida: A estratégia de um técnico deve refletir sua própria personalidade. Os níveis de velocidade e habilidade são componentes-chave que permeiam o desenvolvimento do ataque e da defesa.

Esteja preparado: O planejamento é feito muito antes de o jogo ser realizado. Usar uma jogada ou formação que funcionou na prática não é obra do acaso, é obra do planejamento e da preparação.

SUN TZU: ESTRATÉGIAS DE MARKETING

Organize-se
para a Vitória

---

*O gerenciamento de uma grande força possui o mesmo princípio
que o gerenciamento de poucos homens:
é uma questão de organização.*

*Dirigir um grande exército à luta é o mesmo que dirigir um pequeno contingente:
é uma questão de sinais e indicações de comando.*

— Sun Tzu

*"Um exército mal administrado, por mais resistente e determinado que seja,
provavelmente terá grandes dificuldades...*

*Um exército bem administrado demais, por outro lado, é propenso à mentalidade
defensiva; os comandantes cercados por muita burocracia raramente têm chance
de demonstrar originalidade."*

— David G. Chandler
Atlas da Estratégia Militar

A ORGANIZAÇÃO EXISTE
PARA QUE AS TAREFAS POSSAM SER CUMPRIDAS,
AS PESSOAS RECEBAM APOIO
E OS RESULTADOS SÃO ATINGIDOS

A cadeia de comando não é forjada com elos de mesmo tamanho e força.

Conforme um exército ou negócio cresce em tamanho, uma estrutura organizacional se faz necessária. Conforme a organização se divide em gerentes de linha de frente e de pessoal, o atrito aumenta. A maior parte do problema vem da orientação pessoal.

Se o cotidiano do executivo gira em torno da matriz corporativa, ele verá todos os problemas e soluções em relação à estrutura corporativa. Do mesmo

DÉCIMO PRINCÍPIO

modo, o executivo que está no campo verá os problemas e soluções em relação às necessidades do mercado.

As organizações que desaprovam as visitas ao campo tendem a se internalizar. Os planos de marketing dessas organizações têm pouca chance de sucesso porque elas não são alimentadas por conhecimentos atuais e por uma "sensação" do mercado.

O volume de burocracia tem impacto sobre a velocidade, e sobre o fato de haver ou não qualquer ação ofensiva. O problema é que as organizações burocráticas tendem a ser defensivas. Os comitês não assumem responsabilidade por suas ações.

Os gerentes nas organizações em que a estrutura é magra devem dispensar tudo que não é urgente e essencial. Devem priorizar aquilo que traz resultados. Nas organizações em que a estrutura é gorda, os gerentes inventam novas funções e procedimentos. A complexidade crescente das camadas cada vez maiores de relacionamentos dificulta a ênfase no essencial.

Quando a burocracia tenta se corrigir, freqüentemente tropeça em suas próprias regras.

Obviamente, a melhor solução administrativa de marketing está em algum ponto entre o magro e o gordo. A descentralização que leva a tomada de decisão para os níveis inferiores é, em geral, melhor que a centralização que reprime a tomada de decisão.

Aqui estão as instruções para os responsáveis pelas decisões:

1. *Tenha um plano.* Esse é o problema número um. Não se pode melhorar sem uma direção ou sem prioridades.
2. *Ouça os funcionários.* A pesquisa com clientes mostra o que está acontecendo. A pesquisa com funcionários mostra por quê. Cada ação visando a melhoria envolve a todos.
3. *Não confie demais nas informações da equipe.* Você precisa se envolver com a linha de frente.
4. *Não ignore a gerência intermediária.* Eles podem ser um catalisador para a implementação.
5. *Responda aos problemas que surgirem.* Por exemplo, se você faz uma pesquisa com os funcionários, mas não discute os resultados e não entra em ação, as pessoas sabem que você não se importa de verdade.
6. *Invista em treinamento.* Se a rotatividade de funcionários é a fonte da sua relutância em treinar, você terá uma profecia auto-realizável.
7. *Invista em recuperação.* Quando você não resolve o problema do cliente, você o decepciona duas vezes.

SUN TZU: ESTRATÉGIAS DE MARKETING

Comunique com Clareza

*Como a voz não pode ser ouvida em batalha,
gongos e tambores são usados.*

*Como as tropas não podem se ver claramente na batalha,
bandeiras e estandartes são usados.*

O livro do Gerenciamento do Exército diz: "Assim, ao lutar de noite, geralmente use tambores e gongos; ao lutar de dia, bandeiras e estandartes". Agora, esses instrumentos são usados para unificar a ação das tropas.

Quando as tropas podem ser unificadas dessa forma, o bravo não pode avançar sozinho, nem pode o covarde recuar. Essa é a arte de dirigir grandes contingentes.

— Sun Tzu

AS EMOÇÕES NUBLAM AS COMUNICAÇÕES

Nas comunicações interpessoais, a primeira regra é se concentrar em ouvir o que a pessoa quer dizer. A segunda regra é evitar reações emocionais — quando essa possibilidade existir, trate a discussão clinicamente. Os psicólogos empresariais Rogers e Roethlisberger aconselham: "Essa tendência de reagir a qualquer declaração emocionalmente significativa, formando uma avaliação com base em nosso ponto de vista, é a maior barreira da comunicação".

IMPLEMENTE MEIOS PARA QUE AS MENSAGENS SEJAM RECEBIDAS E ENTENDIDAS

Os seguintes bloqueios mentais podem impedir o fluxo de informação:

O ponto de "clareza" do indivíduo: Esse é o ponto em que a pessoa vê um evento com clareza suficiente para entendê-lo. Quando as pessoas são

DÉCIMO PRINCÍPIO

confrontadas com a evidência de mudança, tendem a não levar a primeira informação a sério — isto é, "uma andorinha só não faz verão".

A regra de três a cinco: Geralmente são necessárias de três a cinco observações antes que alguém acredite na informação. Ou seja, são necessárias de três a cinco andorinhas para fazer o verão. Se não quisermos a chegada do verão, podem ser necessárias ainda mais andorinhas.

A noção preconcebida: Temos opiniões definidas quanto àquilo que esperamos e temos a tendência de resistir a informações que são contra nossas expectativas. Por exemplo, os operadores de radares em Pearl Harbor esperavam aviões aliados e fizeram essa suposição. Quando planejamos um evento e acreditamos que ele vai funcionar, ignoramos relatos de fracasso. Acrescentamos fatores de qualidade às informações que chegam e rejeitamos as informações se o emissor for desconhecido.

A avaliação de reputação: Nossa disposição para transmitir notícias depende de nossa avaliação da reputação do mensageiro e de como essas notícias afetam nossa reputação pessoal. Talvez seja melhor "atirar no mensageiro". As boas notícias chegam rápido; as más notícias serão atrasadas enquanto acreditarmos que o resultado final pode mudar.

O ato da comunicação: Antes de uma mensagem ser enviada, ela deve ser formada na mente do emissor. Valores quantitativos devem ser usados. Termos como "muitos clientes" ou "uma variedade de preços menores" podem ter significados amplamente diferentes para pessoas diferentes.

Temos necessidade de esclarecer e quantificar as informações. Nossa paixão pelos números muitas vezes significa que, se algo não pode ser quantificado ou mensurado, não será levado em conta. Não há nenhuma alternativa a não ser olhar nos olhos do emissor e ouvir seu tom de voz.

SUN TZU: ESTRATÉGIAS DE MARKETING

Faça um Trabalho
de Equipe Completo

*Normalmente, na guerra,
o general recebe seus comandos
do soberano.*

— Sun Tzu

CARTA DE
INSTRUÇÕES DA
SEGUNDA GUERRA MUNDIAL

**DEPARTAMENTO DE GUERRA
QUARTEL GENERAL DA FORÇA AÉREA
WASHINGTON, 17 DE SETEMBRO DE 1942**

PRÁTICAS ADMINISTRATIVAS

TRABALHO EM EQUIPE COMPLETO

1. A exposição a seguir, a respeito do "trabalho em equipe completo", é publicada pelo quartel general para todos os membros da equipe.
2. Este acordo não é publicado como uma diretriz. Entretanto, tem grande mérito e acredita-se que uma leitura ocasional deste tratado e um esforço contínuo para praticar esta doutrina será de imenso valor na construção de um trabalho em equipe muito bom.
3. O "trabalho em equipe completo" é o estudo de um problema e a apresentação de uma solução, de tal forma que tudo que a liderança da divisão precisa fazer é indicar sua aprovação ou desaprovação da ação completa. As palavras "ação completa" são enfatizadas porque, quanto mais difícil é o problema, maior a tendência de apresentarmos o problema ao comandante de forma fragmentada. É sua missão, como oficial do estado-maior, pensar nos detalhes. Você não deve consultar

DÉCIMO PRINCÍPIO

seu superior na definição desses detalhes, não importa quão confusos sejam. Você pode e deve consultar outros oficiais de mesma posição. O produto, quer ele envolva o pronunciamento de uma nova política ou afete uma já estabelecida, deve ser trabalhado até o final.

4. O impulso que muitas vezes domina um oficial inexperiente para perguntar ao superior o que fazer ocorre com maior freqüência quando o problema é difícil. Ele vem acompanhado de um sentimento de frustração mental. É tão fácil perguntar ao comandante o que fazer, quanto parece fácil ele responder. Resista a esse impulso. Você só sucumbirá a ele se não souber fazer o seu trabalho. É sua função aconselhar seu comandante sobre o que ele deve fazer, e não perguntar a ele o que você deve fazer. Ele precisa de *respostas*, não de perguntas. Sua função é estudar, escrever, *estudar novamente* e *reescrever* até que tenha desenvolvido uma única ação proposta, a melhor de todas que você considerou. Seu comandante simplesmente aprovará ou não.

5. Não preocupe seu superior com longas explicações e memorandos. Escrever um memorando ao superior não constitui um trabalho em equipe completo, mas sim escrever um memorando para seu comandante enviar para outra pessoa. Seus pontos de vista devem ser expostos a ele de forma conclusiva, para que ele possa transformá-los em seus próprios pontos de vista simplesmente ao assinar o nome dele. Na maioria dos casos, o trabalho em equipe completo resulta em um único documento pronto para ser assinado pelo comandante, sem comentários adicionais. Se o resultado adequado for alcançado, o superior o reconhecerá. Se ele quiser comentários ou explicações, pedirá.

6. A teoria do trabalho em equipe completo não impede um "rascunho", mas tal rascunho não deve ser uma idéia semiconcebida. Deve ser completo em todos os aspectos, exceto por não ter o número de cópias necessárias e não ter a necessidade de ser limpo. Mas o rascunho não deve ser usado como desculpa para transferir ao comandante o peso de formular a ação. Evite submeter um material inexato e preparado às pressas, sem recomendações concisas, específicas e práticas.

7. A teoria do "trabalho em equipe completo" pode resultar em mais trabalho para o oficial de estado-maior, mas resulta em mais liberdade para o comandante. É assim que deve ser. Além disso, há dois pontos:
   a. O comandante fica protegido de idéias semiconcebidas, excesso de memorandos e apresentações orais imaturas.

SUN TZU: ESTRATÉGIAS DE MARKETING

b. O oficial de estado-maior que tem uma idéia real a vender é capaz de encontrar um mercado mais rapidamente.

8. Quando terminar seu "trabalho em equipe completo", o teste final é o seguinte: se você fosse o comandante, assinaria o papel que você preparou, e arriscaria sua reputação profissional pelo conteúdo do documento?

Sob o comando do Major-Brigadeiro ARNOLD:

/s/ George E. Stratemeyer
GEORGE E. STRATEMEYER
General-de-Divisão, Exército dos EUA
Comandante da Força Aérea

DÉCIMO PRINCÍPIO

Vença as Batalhas
e a Guerra

Vencer batalhas e capturar terras e cidades,
mas fracassar na consolidação dessas conquistas
é nefasto
e pode ser descrito
como perda de recursos e tempo.

E, portanto, os governantes iluminados devem deliberar sobre os planos de partir para a batalha, e os bons generais devem executá-los cuidadosamente.

— Sun Tzu

O Mestre Wu disse: "'Quanto à maneira de atacar um inimigo e cercar seu forte. Quando os locais fortes do inimigo forem reduzidos, sua mansão será invadida, suas riquezas levadas e seus bens confiscados.

Mas suas árvores não devem ser derrubadas nem as casas vendidas, nem as plantações de painço arrancadas, nem os animais mortos, nem os armazéns queimados. Você não deve demonstrar brutalidade ao povo, e se eles desejarem se render, você deve permitir que vivam em segurança'."

— "Wu Chi sobre *A Arte da Guerra*"
Século IV a.C.

AUMENTE OS RECURSOS HUMANOS
E OS BENS MATERIAIS
A CADA VITÓRIA

A definição favorita do autor para o processo de marketing é: "Marketing é comprar e vender coisas com boa vontade e com lucro. Se você só puder ter um dos dois, escolha a boa vontade porque ela será o lucro de amanhã".

Essa definição implica não apenas fazer a venda primeiro, mas também

SUN TZU: ESTRATÉGIAS DE MARKETING

construir um relacionamento comercial futuro que seja alimentado por um ótimo serviço e uma ótima qualidade. Você precisa manter os clientes porque:

- O valor vitalício de um cliente é um número incrível. Um cliente que gasta apenas 20 dólares por semana gastará mil dólares em um ano e 30 mil dólares ou mais na vida. Em alguns setores, os números podem ser impressionantes.

- Clientes que retornam são clientes felizes que
  - Tendem a aumentar suas compras a cada ano. Nós gostamos de comprar de pessoas que conhecemos e nas quais confiamos.
  - Recomendam seus negócios para os outros.
  - Passam a comprar produtos mais luxuosos, que trazem uma maior margem de lucro.

- O custo de conseguir novos clientes é alto, muito alto.

O primeiro passo para manter clientes é descobrir por que você perde clientes. Os clientes que partiram podem dizer exatamente quais partes do negócio você deve aprimorar. Diferentemente da pesquisa de marketing convencional, o *feedback* de clientes insatisfeitos costuma ser concreto e específico. Uma pesquisa minuciosa pode levar à raiz do problema.

Algumas pessoas acreditam que é melhor perder alguns clientes. Quando essa atitude permeia a empresa, você está indo na direção errada. Em vez disso, vá em direção à perda zero — nenhum cliente perdido. Pensar que o "cliente tem sempre razão" evita que você perca clientes.

Fazer uma venda e perder o cliente é uma doença mortal e contagiosa.

Décimo Primeiro Princípio
Liderança Pessoal

O general é o corpo.

As companhias são os membros.

Os esquadrões são os dedos e os polegares.

*A guerra significa força e coragem de lutar,
enquanto a ordem de batalha significa habilidade.*

— "Os Preceitos de Ssu Ma Jang Chu"
Século IV a.C.

> *ESTRATEGICAMENTE*
> A liderança pessoal proporciona visão.
>
> *TATICAMENTE*
> A liderança pessoal constrói o moral.

Para vencer, é necessária a fé do líder em seu pessoal e a fé destes na capacidade do líder.

A liderança pessoal, no comando, é onde a arte toma a frente para controlar a aplicação da ciência. Isso não significa que os princípios sejam ignorados, mas que um líder bem-sucedido entende como aplicar as regras com propriedade.

Um sábio ditado diz que todo comandante deve possuir três qualidades: um comandante deve ter a mente de um administrador, de um líder e de um teórico:

A mente de um administrador entende de administração.
A mente de um líder entende de motivação.
A mente de um teórico entende de estratégia.

O conjunto dessas três atitudes mentais varia de acordo com a posição e a tarefa. A principal maneira de pensar de um executivo de marketing deve sempre se desenvolver a partir da mente de um líder. À medida que os administradores avançam de posto e responsabilidade, devem fortalecer suas habilidades de liderança muito mais do que fortalecer suas habilidades administrativas. Esse fortalecimento das habilidades de liderança é necessário para satisfazer exigências feitas à personalidade e à inteligência. É pouco provável que os executivos mais bem-sucedidos se vejam como administradores; provavelmente eles se vêem como líderes que administram recursos a fim de liderar organizações complexas.

A boa liderança difere do bom gerenciamento, que é mais um processo administrativo. A liderança é a habilidade de criar e articular uma visão com tamanha clareza e vigor que outros a abraçarão como deles. O estilo de liderança é diferente para cada indivíduo porque é fundamentado em valores

DÉCIMO PRIMEIRO PRINCÍPIO

individuais e aplicado com base no conhecimento individual. Para dar forma às nossas próprias habilidades de liderança, devemos nos basear em nossos valores e conhecimentos existentes.

Quando falamos de "líderes natos", subentende-se que essa habilidade é inerente. Embora as pessoas tenham uma aptidão em certas habilidades, pesquisas indicam que todos são capazes de melhorar seu desempenho e eficiência por meio de acompanhamento, prática e treinamento.

Jack Welch estabeleceu um guia para a boa liderança em seu livro *Straight from the Gut:*

- *Integridade:* Não mantenha duas pautas diferentes; só há um caminho, o caminho reto.
- *Determinar o tom:* A intensidade do líder determina a intensidade da organização.
- *Maximizar o intelecto da organização:* Esteja aberto e espalhe o bem.
- *As pessoas em primeiro lugar, a estratégia em segundo:* Grandes estratégias necessitam de grandes líderes.
- *Informalidade:* Faça com que cada um seja valorizado. Títulos não importam.
- *Autoconfiança:* Tenha coragem de se abrir. Esteja confortável consigo mesmo.
- *Paixão:* A intensidade encobre as falhas. Os líderes se importam.
- *Alongar:* Esforce-se para alcançar mais do que julgava ser possível.
- *Comemorações:* Energize sua organização. Faça com que os times se divirtam ao alcançar seus objetivos.
- *Avaliações a todo instante:* Cada um sabe em que pé está.

Em *Minha Jornada Americana*, Colin Powell oferece um *insight* a respeito do papel da liderança. Ele conta que os líderes estavam tentando descobrir quanta munição deveria ser atirada pelos soldados durante o treinamento a fim de se tornarem proficientes. Para comparar a experiência real de tiro e o uso de equipamentos de treinamento, eles determinaram tempos distintos de treinamento em cada modo para três batalhões diferentes. Em seguida, levaram os batalhões para praticar tiros a distância e deram a cada um o mesmo número de tentativas.

Os batalhões que se saíram melhor foram aqueles com os melhores comandantes. Powell afirma: "A liderança é a arte de conseguir mais do que a ciência da administração diz ser possível".

O autor observou resultados similares em seminários de gerenciamento da qualidade. Depois de vários setores da mesma empresa terem recebido o mesmo treinamento, foram feitas visitas às fábricas.

O nível de sucesso dependia da liderança fornecida pelo gerente. As melhorias foram iniciadas apenas nas organizações em que o gerente apoiou a implementação do treinamento.

Em um estudo sobre liderança, foram identificados três diferentes aspectos de personalidade. Você já deve ter percebido algumas dessas características em si mesmo, porque elas retratam os estágios evolutivos no desenvolvimento de uma pessoa.

- *O operador.* É a pessoa que possui uma programação pessoal e que não se interessa pelo bem-estar dos outros. O senso comum sobre os operadores é que eles tentam ser o "número um". Essas pessoas são positivas, produtivas e interessadas em ser executivos de sucesso. A incapacidade de olhar para as situações sob uma outra perspectiva leva os operadores a seu erro fatal: uma incapacidade de internalizar a percepção que os outros têm a respeito deles. Eles não conseguem se colocar no lugar dos outros.
- *O jogador do time.* A matéria-prima dessa pessoa é sua conexão com os outros. Diferentemente do operador, que está mais interessado no que os outros farão por ele, o jogador do time é muito sensível à opinião dos outros em relação a ele. Usando a metáfora do beisebol, o operador é o lançador de bolas rápidas enquanto o jogador é capaz de atirá-las em curva — ou seja, ele usa os sentimentos mútuos de confiança, respeito e afeto para exercitar a liderança. O erro crítico dos jogadores é sua incapacidade de ter uma perspectiva das conexões e lealdades. O jogador do time é prisioneiro da maneira como os outros o vêem.
- *O líder autodenominado.* Esse tipo de líder é definido pelo comprometimento pessoal com certos valores e ideais internalizados. Ele arrisca a fim de perseguir suas convicções. Faz julgamentos pessoais a respeito de seu valor e segue sua própria consciência. Podemos considerar esse indivíduo como uma pessoa de caráter.

O líder autodenominado tem os objetivos do operador e o interesse pelos pontos de vistas dos outros tão dominante quanto o do jogador do time, mas ele mantém esses impulsos humanos dentro de perspectivas apropriadas.

Entender esses estágios do desenvolvimento humano também é útil para notar que pessoas diferentes necessitam de motivações diferentes porque se encontram em estágios de desenvolvimentos diferentes.

DÉCIMO PRIMEIRO PRINCÍPIO

Líderes
Ouvem
e Aprendem

É dever do general ser quieto, e assim
garantir profundidade na deliberação;
imparcial e íntegro,
e assim manter um bom gerenciamento.

Saqueie um campo fértil para suprir seu exército com alimento abundante. Preste aten-
ção ao bem-estar dos soldados e não os fatigue. Tente mantê-los animados e conservar
sua energia. Mantenha o exército em movimento e trace planos insondáveis.

Geralmente, ao invadir um território hostil, quanto mais profundamente as
tropas penetrarem, mais coesas estarão; penetrar apenas um curto caminho causa
dispersão.

— Sun Tzu

CONDUZINDO O LÍDER

Um executivo corporativo escreveu: "Descobri em meu próprio exemplo que
o diretor de negócios não é um super-homem, a fonte exclusiva de sabedoria. As idéias também devem vir de outras pessoas. Em grande parte, essas
idéias devem vir da organização. A organização deve entender que o líder
depende dela para saber o tipo de liderança que exercitará. Em outras palavras, a organização deve conduzir o líder que, em contrapartida, deve sempre demonstrar que procura a verdade, e não a vitória".

SUN TZU: ESTRATÉGIAS DE MARKETING

QUANTO MAIS ALTO O POSTO, MAIS IMPORTANTE É APRENDER

O primeiro passo na aquisição de uma nova empresa, na direção de um novo departamento ou para assumir uma nova posição é fazer perguntas e ouvir.

A regra de uma empresa para novas aquisições é que os gerentes operacionais não devem visitar a nova empresa por dois anos. Somente após contatos limitados com a alta administração e com o departamento Financeiro é que os gerentes operacionais da empresa adquirida começam a visitar os departamentos operacionais. Eu sei que essa regra permite uma transição suave porque estive no lado que foi adquirido nessa transação.

O primeiro passo na entrada japonesa em qualquer mercado é aprender — seguido da entrada, do controle e da posse. Já esquecemos há muito tempo que a primeira entrada da Toyota no mercado automobilístico americano foi o Toyopet — um grande fracasso. Os japoneses viram isso como uma experiência de aprendizado válida para alcançar um objetivo de longo prazo.

Um executivo corporativo que assumiu uma posição de liderança em uma nova empresa não fez nada além de olhar, ouvir e fazer perguntas durante seis semanas. Quando um dos autores deste livro se mudou da manufatura para o varejo, passou semanas servindo os clientes em vários departamentos das lojas varejistas antes de assumir sua nova posição de gerência.

O líder não tem o monopólio da criatividade e deve encorajar a expressão criativa de seu pessoal. As pessoas que expressam suas idéias se sentem bem por terem recebido a oportunidade de participar. Quando as idéias são aceitas, os laços com a organização se tornam mais fortes e a implementação é mais entusiasmada e tem uma probabilidade maior de ser bem-sucedida.

As idéias criativas expressas pela equipe, por sua vez, contribuem para a base de conhecimento que liberará a própria criatividade do líder.

Ouvir ativamente envolve fazer perguntas. Isso faz com que você se mantenha alerta e sintonizado. É aconselhável ter uma lista de questões preparadas (por escrito) antes das reuniões. Quando apropriado, tomar notas é outra maneira de se manter atento.

DÉCIMO PRIMEIRO PRINCÍPIO

Mantenha uma Liderança Equilibrada

A vantagem de avançar ou bater em retirada
de acordo com as circunstâncias
e com as leis fundamentais da natureza humana
são questões
que devem ser cuidadosamente estudadas por um general.

— Sun Tzu

"As qualidades pessoais devem ser procuradas nas massas, e isso é feito por meio de testes de conduta e reputação. Assim, aqueles que forem selecionados certamente agirão com integridade. Se tentarem agir dessa maneira, mas não conseguirem, alguém deverá guiá-los pessoalmente, e se tentarem e forem bem-sucedidos, não se deve esquecer de empregá-los de maneira adequada. Podem ser necessárias até três tentativas para chegar ao sucesso, pois assim é a natureza de um homem, e isso pode ser chamado de método.

Em um exército, quando as regras pelas quais ele é controlado estão nos próprios homens, isso é chamado de responsabilidade. Quando as regras são aplicadas de modo que os subordinados as obedeçam por medo, chamamos isso de lei.

Na batalha, se a gentileza não funciona, empregamos a responsabilidade e, se não há obediência, empregamos a lei. Se não há confiança mútua, empregamos a verdade. Se os homens estão apáticos, precisam ser estimulados. Se estão desconfiados, isso terá de ser corrigido. Se não confiam em seus superiores, estes precisam melhorar sua conduta."

— "Os Preceitos de Ssu Ma
Jang Chu"
Século IV a.C.

ASSOCIE O PODER DA LIDERANÇA AO PODER DO GERENCIAMENTO

Com muita freqüência, as empresas têm gerentes demais e líderes de menos. A liderança e o gerenciamento são funções diferentes. Uma não é necessariamente melhor que a outra. Ambas são necessárias.

Um problema difícil de resolver é o equilíbrio entre as preocupações com os recursos humanos e com as tarefas físicas. A solução geralmente se encontra na ordenação das prioridades. Na maioria das vezes, todos ganham quando a preocupação com os recursos humanos é a prioridade maior.

O líder ideal é caracterizado como uma pessoa que associa a excelência de um especialista em tarefas com uma habilidade bem equilibrada nos aspectos humanos ou heróicos da liderança. O líder ideal demonstra um profissionalismo extremo combinado a uma calorosa humanidade. Ele entende que o que realmente conta são as pessoas, e não a habilidade técnica.

No livro *On the Psychology of Military Incompetence*, Norman Dixon destaca que o humanitarismo, em um comandante sênior, contribui para seu sucesso de duas maneiras:

1. A preocupação com os recursos humanos ajuda a proteger contra desastres imprevisíveis.
2. O humanitarismo é um pré-requisito para o moral alto e a saúde física.

A batalha de marketing, assim como a batalha militar, envolve um plano e um líder que deseja executar esse plano. O gerente e o general são bem-sucedidos porque têm uma idéia e proporcionam a liderança e a estrutura de comando para implementar essa idéia.

As evidências indicam claramente que a eficiência das tropas depende muito mais da capacidade dos oficiais de liderar e inspirar do que dos equipamentos que essas tropas possuam. Normalmente, a tática não faz a diferença na batalha de marketing. O compromisso e um desejo intenso de vencer são as chaves da vitória.

Jack Welch nos dá um bom conselho: "Gerencie com firmeza quando puder fazer a diferença. Gerencie com liberdade quando não puder fazer a diferença".

DÉCIMO PRIMEIRO PRINCÍPIO

Melhore
Sua Habilidade
de Liderança

O general que entende a guerra
controla o destino de seu povo
e garante
a segurança da nação.

Esse general é a muralha do Estado: se a muralha estiver completa em toda a sua extensão, o Estado certamente será forte. Se a muralha apresenta defeitos, o Estado certamente será fraco. Ora, existem três formas pelas quais um soberano pode trazer infortúnio sobre seu exército:

1. *Ao ordenar o avanço ignorando o fato de que o exército não pode ir avante, ou ao ordenar a retirada ignorando o fato de que o exército não pode recuar. Isso é descrito como "fazer o exército vacilar".*
2. *Ao interferir na administração do exército sem conhecer seus assuntos internos. Isso causa perplexidade nos oficiais e soldados.*
3. *Ao interferir na direção da luta, ignorando o princípio militar de adaptação às circunstâncias. Isso semeia dúvida e desconfiança nas mentes de seus oficiais e soldados.*

Se o exército está confuso e desconfiado, os governantes vizinhos tirarão vantagem disso e causarão problemas. Isso simplesmente traz anarquia para o exército e afasta a vitória.

— Sun Tzu

MANTENHA A CABEÇA FRIA

Na primeira batalha de Bull Run, em 21 de julho de 1861

Primeiro Oficial: *General, o dia corre contra nós.*
"Stonewall" Jackson: *Se o senhor pensa assim, melhor não dizer nada.*

A causa comum de fracasso na liderança são os efeitos paralisantes da ansiedade, e não a falta de inteligência, diz Norman Dixon em seu extensivo estudo sobre a incompetência militar.

MUDE
DE PAPÉIS
À MEDIDA QUE CRESCE

O líder de marketing eficaz deve ser capaz de ter idéias no mais alto nível de abstração e capaz de agir nos níveis de detalhes mais rotineiros. Contudo, o rotineiro não deve dominar. Gerentes seniores que exercitam o domínio sobre pequenos detalhes o fazem porque isso lhes dá um sentimento de controle — e, claro, faz com que os outros se questionem sobre a habilidade do líder.

A questão não é que pessoas boas são promovidas até que alcancem um nível no qual são incompetentes, nem que essas pessoas sejam totalmente incompetentes. Ao contrário, trata-se simplesmente do fato de que alcançaram um certo nível administrativo trabalhando de uma certa maneira e continuam a trabalhar do mesmo modo, sem levar em conta as circunstâncias.

O gerente que foi promovido porque nunca tomou uma decisão e, portanto, nunca cometeu um erro, continuará a trabalhar do mesmo modo em cada nível administrativo, até que os visíveis efeitos da indecisão se tornem intoleráveis.

A sabedoria popular diz que não há substituto para a compreensão da indústria na qual você compete e o sentimento visceral que vem com os anos de experiência. Dessa experiência emerge uma grande liderança com uma forte visão para construir a cultura que levará a organização adiante. O líder comunica suas crenças e valores e se cerca de pessoas que compartilham as mesmas metas. À medida que essa cultura muda, novas condutas emergem.

O sucesso deriva de um sincero compromisso pessoal com os valores que o líder quer implantar, junto com uma contínua persistência em reforçar es-

DÉCIMO PRIMEIRO PRINCÍPIO

ses valores. Líderes bem-sucedidos falam a respeito da grande quantidade de tempo que investiram para incutir esses importantes valores. Um presidente da Maytag, que era membro da família fundadora, me contou que nunca fez uma apresentação sem mencionar a qualidade.

Tanto na guerra quanto nos negócios, os efeitos da Lei de Murphy não podem ser evitados exceto por uma constante vigilância e por um grande esforço. Como Helmuth von Moltke escreveu: "Na guerra, com seus enormes atritos, até o medíocre já é uma façanha". Um bom comandante militar não precisa receber ordem para montar guarda. Um bom comandante nos negócios não precisa receber ordem para tomar medidas de segurança sensatas. Entretanto, a longo prazo, esse é o tipo de coisa que faz a diferença entre competência e incompetência, entre vitória e derrota.

Noventa por cento de um bom comando consiste em fazer coisas para prevenir o surgimento de problemas. Bons comandantes constroem sua própria sorte ao acumular as probabilidades a seu favor, e depois ao perceber e maximizar rapidamente cada oportunidade criada pelos erros de seus oponentes.

O Centro para Liderança Criativa lista os seguintes comportamentos de líderes bem-sucedidos:

- *Conduza reuniões freqüentes, rápidas e improvisadas.* Saia do escritório. Acumule o conhecimento da fonte original de mais de uma pessoa.
- *Delegue tarefas e desenvolva seus subordinados.* Delegar é encarregar uma pessoa de uma tarefa sem lhe dizer como fazê-lo.
- *Desenvolva um sistema para o fluxo constante de informação crítica.* Saiba o que quer saber e quando quer saber. Não resista às novas informações que podem mudar o curso da ação.
- *Livre-se de detalhes administrativos rotineiros.* Se você é o chefe e esses detalhes não requerem seu conhecimento, delegue-os.
- *Obrigue-se a ter tempo para reflexão.* O líder deve ser a última pessoa a ter excesso de trabalho.

Mantenha uma Atitude Positiva

Um exército inteiro pode ter seu espírito diminuído, e seu comandante ser privado de sua presença de espírito.

No começo de uma campanha, o espírito dos soldados está aguçado; após um certo tempo, ele enfraquece; e em um estágio posterior, pode ser reduzido a nada.

Portanto, um comandante perspicaz evita o inimigo quando o espírito dele está aguçado e o ataca quando está perdido. Essa é a arte de dar importância aos humores.

Quando está em boa ordem, ele aguarda por um inimigo desordenado; na serenidade, por um inimigo vociferante. Essa é a arte de conservar o domínio próprio.

— Sun Tzu

Napoleão escreveu, em suas *Máximas*:

"É excepcional e difícil encontrar em um só homem todas as qualidades necessárias a um grande general. Aquilo que é mais desejável, e que instantaneamente separa um homem de outros, é que sua inteligência ou talento esteja em equilíbrio com sua personalidade ou coragem.

Se sua coragem for maior, um general imprudentemente se encarrega de coisas além de sua habilidade.

Se ao contrário, sua personalidade ou coragem for menor que seu intelecto, ele não se atreve a levar seus planos adiante."

TENHA FÉ EM SEU FUTURO

A idéia de "autodomínio" de Sun Tzu possui um equivalente na confiança. O atributo da autoconfiança pode ser destilado de um estudo sobre os mestres na arte da liderança:

DÉCIMO PRIMEIRO PRINCÍPIO

- Cada líder bem-sucedido acreditou em sua equipe e no seu poder de se mostrar à altura do empreendimento para o qual o líder os chamou.
- Esses líderes também acreditaram em uma causa que transcendia as pessoas e seus próprios desejos ou ambições.

Todas as grandes realizações foram executadas por líderes que acreditavam no sucesso de suas missões. Sem essa confiança, muitos líderes necessitam submeter a questão a uma série de aprovações, sendo que o próprio processo de aprovação decide o resultado. O executivo decide sem realmente decidir quando se torna muito dependente dos sistemas estatísticos, de contabilidade de custos ou de processamento de informações. A última esperança é que esses sistemas dêem um apoio incontestável para um curso de ação específico.

A confiança necessária a um executivo de marketing é bem definida pelo marechal-de-campo Montgomery, em seu livro *History of Warfare:* "Muitas qualidades são necessárias para se fazer um líder, mas duas são fundamentais: a capacidade de tomar as decisões certas e a coragem de agir com base nessas decisões. ... Acima de tudo, ele deve ter coragem moral, a resolução e a determinação que permitirão que ele permaneça firme quando os resultados forem colocados na balança".

Pouco tempo depois dos ataques de 11 de setembro, o prefeito de Nova York, Rudolph Giuliani, dirigiu um culto de oração no Estádio dos Yankees, dizendo: "Para aqueles que dizem que nossa cidade não será mais a mesma, digo que vocês estão certos. Ela *será melhor*".

Colin Powell, em seus preceitos, diz: "O otimismo contínuo é um multiplicador de forças".

Existem paralelos comerciais nos pequenos grupos de pessoas que foram pioneiros na computação, em inúmeras empresas de pequeno porte, e em grupos corporativos de giro. Aqui se encontra a dualidade de acreditar tanto em uma causa quanto nas pessoas.

Conheça a "Arte" da Liderança

Sun Tzu salienta as artes de

- Poupar suas forças
- Avaliar as circunstâncias
- Empregar tropas

Próximo ao campo de batalha, ele aguarda um inimigo vindo de longe; no descanso, ele aguarda um inimigo exaurido; com tropas bem alimentadas, ele aguarda as famintas. Essa é a arte de poupar suas forças.

Ele se abstém de interceptar um inimigo cujos estandartes estão em perfeita ordem, e desiste de atacar um exército cujas formações estão em impressionante ordem de batalha. Essa é a arte de avaliar as circunstâncias.

Agora, a arte de empregar tropas diz que, quando o inimigo ocupar um terreno mais elevado, não o confronte encosta acima, e quando sua retaguarda estiver descansando nas colinas, não faça um ataque frontal. Quando ele fingir que está fugindo, não o persiga. Não ataque soldados cujo temperamento é perspicaz. Não engula uma isca oferecida pelo inimigo. Não bloqueie um inimigo que esteja retornando para casa. Quando cercar um exército, deixe uma saída livre. Não pressione demais um inimigo desesperado. Esse é o método de empregar as tropas.

— Sun Tzu

"O mestre Wu disse: 'Ao começar uma operação militar, existem cinco coisas a se considerar: primeiro, buscar a fama; segundo, buscar o lucro; terceiro, intensificar os sentimentos de hostilidade; quarto, provocar a desordem interna; e, quinto, causar a fome (no inimigo)'."

— "Wu Chi sobre *A Arte da Guerra*"
Século IV a.C.

DÉCIMO PRIMEIRO PRINCÍPIO

SEJA
PROFISSIONAL;
SEJA HUMANO

Quando exploramos listas de requisitos para a liderança, podemos concluir que todos os traços desejáveis da personalidade humana são necessários. Contudo, os traços humanos devem ser combinados com o conhecimento e a experiência tanto na disciplina de marketing quanto no setor.

Napoleão listou 115 qualidades necessárias, na tentativa de definir os elementos essenciais da liderança.

O coronel W. J. Wood, em seu livro *Leaders and Battles*, descreve três "artes" pessoais que ajudam a usar a inteligência para provocar uma ação eficaz:

1. *Imaginação.* É o grande salto mental. São os gregos com um cavalo oco de madeira, MacArthur com seu ataque-surpresa a Inchon, Wozniak e Jobs com a Apple Computers, e Gates com o software da Microsoft.

2. *Flexibilidade.* É a habilidade de trocar as engrenagens mentais sob pressão sem confundir o objetivo. É Alexandre reorganizando seu exército em colunas leves e móveis para lutar contra os guerrilheiros, a rápida movimentação da infantaria na guerra-relâmpago alemã (blitzkrieg), a General Motors desenvolvendo o projeto Saturno, e o Wal-Mart organizando a logística do *cross-docking* para acelerar as entregas e reduzir os custos.

3. *Julgamento.* É a habilidade de fazer uma avaliação completa, determinar o curso de ação e levar essa ação a cabo. Todos são atributos que definem os maiores comandantes militares e empresariais. Saber o que pode ser feito com base nos meios disponíveis e fazê-lo, saber o que não pode ser feito e abster-se de fazê-lo, e distinguir entre os dois é a própria definição de grandeza nos negócios, como é a do talento humano. O ex-executivo da GE Jack Welch comenta que raramente nos arrependemos por agir de acordo com nosso julgamento de uma situação e freqüentemente nos arrependemos por não agir.

SUN TZU: ESTRATÉGIAS DE MARKETING

Cuidado com Seus Pontos Cegos

*A ruína do exército e a morte do general
são resultados inevitáveis
destas cinco falhas perigosas.
Elas devem ser profundamente avaliadas.*

Existem cinco falhas perigosas que podem afetar um general:

1. *Se for imprudente, ele pode ser morto;*
2. *Se for medroso, capturado;*
3. *Se for irritadiço, pode ser provocado a sentir raiva e fará papel de bobo;*
4. *Se tiver um senso de honra muito delicado, pode cair em uma armadilha por causa de um insulto;*
5. *Se for de natureza piedosa, pode ficar preocupado e transtornado.*

São essas as cinco falhas sérias de um general, desastrosas para a condução da guerra.

— Sun Tzu

"Um general incapaz de estimar suas habilidades ou de compreender as artes da prudência e da flexibilidade quando se depara com o inimigo avançará de maneira hesitante e cambaleante, olhando ansiosamente primeiro à sua direita e depois à sua esquerda, e será incapaz de criar um plano. Crédulo, ele confiará em relatórios duvidosos, acreditando nisso em um momento e naquilo em outro. Temeroso como uma raposa decidindo entre avançar ou bater em retirada, seus grupos se dispersarão. Qual é a diferença entre isso e levar pessoas inocentes ao fogo ou à água fervente? Não é o mesmo que levar gado e ovelhas para alimentar tigres ou lobos?"

— Tu Mu
Século VII a.C.

DÉCIMO PRIMEIRO PRINCÍPIO

FALHAS NO CARÁTER PESSOAL
DO COMANDANTE
LEVARÃO À PERDA
DE OPORTUNIDADES

Examine cuidadosamente estas características da incompetência:

- Subestimar o adversário, às vezes beirando à arrogância. ("Aqueles sujeitos são burros.")
- Incapacidade de tirar proveito de experiências passadas. ("Vamos fazer isso do mesmo modo novamente.")
- Resistência em adotar e explorar táticas atuais e tecnologias disponíveis. ("Nós já tentamos isso antes.")
- Aversão ao reconhecimento de terreno, unida a uma aversão à inteligência — ambos os tipos. (Não faz pesquisa formal ou informal; rejeita idéias de pessoas que aprendem com elas.)
- Grande bravura física, mas pouca coragem moral. (O físico é pessoal; a moral está no relacionamento com os outros.)
- Ou uma indiferença total ao sofrimento ou um estado irracional e incapacitante de compaixão. (Ou seja, ou não se importa ou se importa demais com as coisas.)
- Passividade e indecisão no trato com comandantes superiores. (Você não consegue uma resposta nem uma decisão.)
- Tendência a culpar os outros. ("A culpa é do...")
- Paixão pelo ataque frontal. ("Vamos acertá-los primeiro.")
- Uma grande consideração pela tradição. ("A maneira como sempre fizemos é...")
- Falta de criatividade, improvisação, inventividade e mente aberta. (As idéias são encontradas por meio do trabalho duro.)
- Procrastinação. ("Vamos pensar um pouco mais sobre isso.")

Fonte: Norman Dixon, *On the Psychology of Military Incompetence.*

O Papel da Disciplina

*A implementação suave de ordens reflete
um relacionamento harmonioso
entre o comandante e suas tropas.*

Se as tropas são punidas antes de se apegarem a você, elas serão desobedientes. Se não forem obedientes, é difícil utilizá-las. Se as tropas se apegarem a você, mas a disciplina não for imposta, você também não poderá utilizá-las. Portanto, os soldados devem ser tratados com humanidade em primeira instância, mas mantidos sob controle com mãos de ferro. Dessa maneira, a lealdade dos soldados está assegurada.

Se as ordens forem consistentemente cumpridas e as tropas rigorosamente supervisionadas, elas serão obedientes. Se as ordens nunca forem executadas, elas serão desobedientes.

— Sun Tzu

"A falange de Alexandre e as legiões de César derrotaram hordas de inimigos, não porque seus equipamentos eram melhores, mas porque seu treinamento e sua disciplina eram muito superiores."

— Coronel John G. Burr
The Framework of Battle

DISCIPLINE SEU ESTILO GERENCIAL

Esse não é o tipo de disciplina de "seguir as ordens senão", mas de seguir as regras de sucesso nos negócios e fazer o que é certo.

A disciplina envolve

- Determinar prioridades para a ação
- Determinar padrões para o desempenho
- Fornecer treinamento e *coaching* para atender aos padrões

DÉCIMO PRIMEIRO PRINCÍPIO

Prioridades: Existem muitas coisas que são agradáveis de fazer, mas muito poucas são críticas. Determine as prioridades para o auto-aperfeiçoamento e para a melhoria de marketing.

Padrões: Estabelecer padrões pode impedi-lo de ter favoritismo e ser criticado por isso. Mais importante ainda é que os padrões determinem o limite para o desempenho. Os padrões incorporam a disciplina que o leva à excelência de marketing.

Treinamento e coaching: Quando o Gerenciamento por Objetivos foi introduzido como ferramenta gerencial, a idéia era de que o gerente e o funcionário combinassem o que precisava ser feito, e o funcionário então o fizesse. Ele não durou como metodologia gerencial porque não continha as fases de treinamento e *coaching*.

Uma técnica de basquete universitário no campeonato nacional conta como levou seu time a um *workshop* com um time profissional para aprender sobre o sistema usado por um rival que as afligia. A disciplina de padrões e prioridades não foi suficiente; a técnica e o time precisavam saber o que fazer e se comprometer com a disciplina da prática.

Atletas de campeonato têm disciplinas práticas; assim como músicos famosos têm disciplinas práticas. Por que devemos pensar que todo o nosso marketing pode ser praticado na quadra do campeonato? Por que destinamos tão pouco tempo ao nosso próprio treinamento e ao de nosso pessoal? Apenas por meio da instrução interativa podemos aprender as disciplinas que levam a boas práticas nos negócios.

Evite o Caminho para a Derrota

Seis situações levam um exército a fracassar...
Quando qualquer dessas seis situações existir,
o exército se encontra no caminho para a derrota.

Existem seis situações que levam um exército a fracassar. São elas: a fuga, a insubordinação, a queda, o colapso, a desorganização e o tumulto. Nenhum desses desastres pode ser atribuído a causas naturais e geográficas, mas à falha do general.

Sendo iguais as condições do terreno, se uma força ataca outra dez vezes maior, o resultado é a fuga.

Quando os soldados são fortes e os oficiais fracos, o exército é insubordinado.

Quando os oficiais são valentes e os soldados ineficientes, o exército cairá.

Quando os mais altos oficiais são irritados e insubordinados, e no encontro com os inimigos se apressam a lutar por conta própria, com base em um ressentimento, e o comandante supremo ignora as habilidades deles, o resultado é o colapso.

Quando o general é incompetente e tem pouca autoridade, quando suas tropas são mal gerenciadas, quando o relacionamento entre oficiais e homens é tenso, e quando as formações da tropa são desleixadas, o resultado é a desorganização.

Quando um general incapaz de estimar a força do inimigo usa uma força pequena para travar combate com outra maior ou quando tropas fracas atacam as fortes, ou falham ao selecionar tropas de choque para avanço, o resultado é o tumulto.

Quando qualquer dessas seis situações existir, o exército está a caminho da derrota. É uma grande responsabilidade do general examiná-las cuidadosamente.

— Sun Tzu

DÉCIMO PRIMEIRO PRINCÍPIO

CONCENTRE-SE NO QUE O CLIENTE QUER E NECESSITA

Para ser bem-sucedido, o profissional de marketing precisa perseguir ativamente a excelência nas seguintes áreas:

1. *Tome a decisão de marketing antes da decisão financeira.* Entre em acordo com as pessoas que tomam decisões financeiras. Devemos servir o cliente antes de servir o lucro.

2. *Seja um especialista em relação ao que o cliente pensa, quer, necessita e comprará.* Demonstre seu profissionalismo em relação às informações de marketing. Submeta-se à tecnologia da informação. Tire proveito total dos recursos disponíveis nos sistemas de informação.

3. *Construa uma cultura voltada para o cliente.* Tenha um papel ativo na melhoria da qualidade do produto e do sistema de entrega ao cliente. Destrua os silos funcionais, incluindo aquele chamado de marketing. Organize cada indivíduo para servir o cliente.

4. *Pense estrategicamente.* As organizações do futuro serão construídas para se ajustar ao modo pelo qual os clientes querem comprar, e não a linhas de produção, à geografia ou à função. Concentre-se em seu cliente e no cliente do seu cliente. Sua estratégia deverá levá-lo a futuros produtos e serviços. Pense na reciclagem, em novas fontes de energia, no meio ambiente etc.

5. *Considere o cliente como pessoa.* Não há mercados de massa. Os micromercados estão desaparecendo. O novo "mercado minúsculo" é uma família ou uma pessoa. É difícil definir até mesmo o termo *família*, porque há uma grande diversidade de estruturas familiares.

6. *Não irrite seu cliente.* Como você pode cobrar uma multa ou uma taxa e ainda manter o cliente? A Southwest, no setor de viagens aéreas, e a Schwab, nos serviços financeiros, foram bem-sucedidas com estruturas que têm um nível mínimo de cobranças irritantes.

SUN TZU: ESTRATÉGIAS DE MARKETING

Conquiste a Lealdade

Se um general considera seus homens como crianças,
então eles marcharão com ele
até o mais profundo dos vales.

Ele os trata como seus próprios filhos amados,
e eles ficarão a seu lado até a morte...

Contudo, se um general é complacente com seus homens, mas não consegue utilizá-los, se os trata com carinho, mas não consegue comandá-los ou impor um castigo quando há violação das regras, eles podem ser comparados a crianças mimadas, e são inúteis para qualquer propósito prático.

— Sun Tzu

"Os Maruis de Wu perguntaram: 'O que faz com que os soldados conquistem vitórias?'
Chi respondeu: 'A disciplina os faz vitoriosos.... O que se quer dizer com disciplina é ter formalidade quando em trégua e uma severa ameaça quando em ação... Isso é chamado de relacionamento entre pai e filho'."

— "Wu Chi sobre *A Arte da Guerra*"
Século IV a.C.

DESENVOLVA UMA CULTURA
DE INTEGRIDADE
E SERVIÇO

Existem duas dimensões da lealdade que são importantes para o executivo de marketing: a lealdade interna e a lealdade do cliente.

Lealdade Interna

Conquistar a lealdade das pessoas que trabalham com você ou de seus cole-

DÉCIMO PRIMEIRO PRINCÍPIO

gas é uma coisa muito simples. Começa com sua integridade e com o fato de você se importar ou não. A lealdade é alimentada por uma atitude focalizada em surpreender as pessoas fazendo as coisas certas — ou quase certas. Incentive o bom desempenho e conseguirá mais desempenhos bons, que eventualmente se tornarão bons hábitos nos negócios — e conquistará a lealdade.

A lealdade nasce do respeito que vem da confiança. Não é algo que se pede. Vem de dentro da alma das pessoas com quem treinou e trabalhou e às quais inspirou grandes feitos. Contrate pessoas melhores que você e inspire-os a serem leais, e você terá uma organização de gigantes.

Lealdade do Cliente

Os exemplos mais visíveis de programas de lealdade do cliente vêm do setor de viagens. Os programas de lealdade no setor das companhias aéreas têm se deteriorado, assim como a lealdade dos clientes.

Há mais milhas esperando para ser resgatadas do que a maioria das empresas de viagem quer admitir. Um executivo sênior de um hotel participou da equipe que instituiu um programa de recompensas para sua empresa e contou que a equipe não tinha idéia de quantos pontos conceder por uma estadia. Muitas das decisões foram tomadas para corresponder ao que seus concorrentes estavam fazendo.

Gosto de fazer negócios com organizações em que

Sou tratado pelo nome.
Não preciso esperar em uma fila.
Multas não são cobradas quando cometo erros.

Esses três itens de serviço ao cliente representam grandes oportunidades de marketing porque conquistar e manter clientes é uma tarefa de marketing. A solução não está no treinamento, mas em fixar a cultura da organização de cima para baixo. Cultura é o modo como pensamos, trabalhamos e agimos. Ela define o que é tolerável ou não. Ela também informa o que pode ser feito pelo cliente e o que não pode.

Você tem uma boa cultura quando a rotatividade de pessoal é baixa e a pessoa que você conhece fica na organização. Assim, a oportunidade de ter um relacionamento de negócios existe. Nós compramos de pessoas que conhecemos e em quem confiamos.

Décimo Segundo Princípio
Simplicidade

Tudo é muito simples na guerra,
mas o mais simples é muito difícil.

— Carl von Clausewitz
Da Guerra

SUN TZU: ESTRATÉGIAS DE MARKETING

Até mesmo os planos mais simples são difíceis de executar.

Planos descomplicados, expressos de forma clara, promovem uma compreensão inteligente.

A missão para Overlord, a invasão normanda durante a II Guerra Mundial, que foi a maior operação anfíbia já realizada, foi definida em uma única página. Embora essa operação enorme e complexa fosse apoiada por um vasto número de ordens e programações detalhadas, a essência do plano era bastante simples.

A cultura na Procter & Gamble ensina a apresentar os planos em uma única página.

Entre os profissionais que fazem muitas palestras, esta única linha diz tudo: "Desculpe esse discurso ter sido tão longo, mas não tive tempo de prepará-lo".

Em marketing, os planos, mensagens e idéias simples comunicam melhor. O famoso Murphy tem algumas leis simples, mas bastante úteis:

- Se parece estúpido, mas funciona, não é estúpido.
- Nenhum plano sobrevive intacto ao primeiro contato.
- As coisas importantes sempre são simples.
- As coisas simples sempre são difíceis.

Em relação à propaganda, o renomado David Ogilvy disse: "Faça o parágrafo de abertura com menos de 11 palavras". É o *parágrafo* que deve ter menos de 11 palavras, não a frase. Especialistas da Billboard aconselham que 14 palavras é o máximo. Você quer que o leitor entenda a mensagem. Se houver palavras demais, a mensagem se perde porque nada é lido. Na propaganda, quase sempre é verdade que, quanto mais informações você enfiar em um anúncio, menos informações se sobressaem.

A comunicação é melhor com mensagens simples, tais como

- Os recursos não vendem, os benefícios sim.
- Veja de perto o que acontece no mercado.
- Os gerentes devem cumprir o que falam.

Estratégias de Implementação

*Exemplos Práticos de Marketing
de Gerentes Bem-Sucedidos*

ESTRATÉGIAS DE IMPLEMENTAÇÃO

MAL DE ALZHEIMER NO MARKETING

Calvin L. Hodock
Professor de Marketing, *Berkeley College*

Tanto no marketing como na guerra, "conheça seu inimigo" é um mantra valioso. O ditado mais conhecido de Sun Tzu sobre a inteligência se aplica aqui: *Conheça seu inimigo e conheça a si mesmo. Se for ignorante sobre seu inimigo e sobre si mesmo, certamente estará em perigo em todas as batalhas.*

As pessoas que são responsáveis pelos esforços de um novo produto em muitas de nossas empresas com mercadorias de primeira linha deveriam seguir o sábio conselho de Sun Tzu. Isso ajudaria a reduzir o índice de fracasso dos novos produtos. Nove entre dez produtos fracassam nessas empresas. A sabedoria de Sun Tzu ajudaria a eliminar o mal de Alzheimer no marketing — uma enfermidade séria na prática errônea da inovação. Muitos dos produtos novos e fracassados são simplesmente cópias de idéias que tiveram dificuldades no passado.

A pasta de dente Listerine é um bom exemplo. Ela fracassou duas vezes, ambas porque tinha um gosto ruim e por causa da imagem negativa herdada de seu anti-séptico bucal. O gosto é um fator importante na categoria de pastas de dente. Por que a Listerine não sabia disso? mal de Alzheimer no marketing. Está em todo lugar, como o cartão Visa.

Os barões da cerveja são os glutões dos castigos. Desesperados por crescimento, buscaram novos produtos com um destino muito cruel, como a cerveja com baixo teor alcoólico, a cerveja sem álcool, a *dry beer* e a cerveja *ice*. O mal de Alzheimer no marketing ataca novamente. Agora, os profissionais de marketing do país das cervejas estão vendo seu romance com os *malternatives* dar de cara com uma bola ardente de fogo. Aqueles que esquecem a história estão condenados a repeti-la. O precedente de fracasso foi estabelecido com a morte prematura da Zima, da Coors. Toda tentativa posterior foi vítima das lições esquecidas de história.

Agora, as cervejarias estão tentando ganhar dinheiro com os bebedores preocupados com a saúde por meio da cerveja com baixo teor de carboidrato. Os barrigudos do bar da esquina — os grandes bebedores de cerveja — realmente se preocupam com a quantidade de carboidratos quando tomam uma gelada e engolem um X-burger que entope as artérias? Essas cervejas com baixo teor de carboidrato têm uma quantidade um pouco menor de calorias do que as cervejas *light*. Essa é uma solução para um problema que os Estados Unidos não têm? A história está prestes a se repetir conforme as cervejas de baixo teor de carboidratos seguem o mesmo caminho dos *malternatives*, da *dry beer* e dos *coolers* — esgoto abaixo.

O mal de Alzheimer no marketing invadiu a terra dos conhecedores da cola. A Coca-Cola está tentando a Cherry Coke pela segunda vez. Tanto a Coca-Cola como a Pepsi estão tentando comercializar colas com sabor de limão, que já fracassaram antes. Por que teriam sucesso desta vez? Esses novos produtos são tentativas de energizar o segmento da cola, que está se desgastando nas bordas.

No começo de 1999, a Kellogg's introduziu a Ensemble, uma linha de produtos com fibras de psyllium e aveia — massas, *cookies*, bolos, batatas fritas, entradas congeladas e cereais. São alimentos saudáveis, desenvolvidos para diminuir os níveis de colesterol. Outros profissionais de marketing já tentaram esse conceito antes. Nunca funcionou. A história se repete e a Kellogg's tira zero na prova de história.

Ao lidar com uma linha unificada, os supermercados preferem espalhar os produtos individuais por toda a loja, nos departamentos adequados. É impossível construir uma identidade de marca para a linha se os produtos precisam ser pegos um a um. O espaço nas lojas é valioso demais para dar visibilidade crítica a qualquer linha unificada. A Kellogg's deveria saber disso, dadas as últimas derrocadas associadas a tentativas de vender uma linha de produtos nos supermercados.

Aqui está outro erro do passado que os arquitetos da linha Ensemble ignoraram. Os alimentos saudáveis que visam a reduzir os níveis de colesterol já foram experimentados antes — por exemplo, a Intelligent Cuisine das Sopas Campbell's. A maioria dos americanos não tem idéia de seus níveis de colesterol. As respostas não estão no céu; elas podem ser encontradas nos arquivos da história. Nem a Intelligent Cuisine nem a linha Ensemble tiveram impacto no destino do marketing dessas empresas, que estavam desesperadas por um aumento nas vendas, dado o declínio das sopas concentradas e dos cereais prontos.

Sun Tzu diz: "Os generais sábios vencem porque fazem previsões".

Os mesmos erros de inovação são continuamente repetidos porque não há perspectiva histórica. Por que desperdiçar recursos em novos produtos que fracassaram antes? Estabeleça um conhecimento baseado na inovação. Deixe que os gerentes de novos produtos se aprofundem nisso para elevar seu nível de QI sobre a inovação.

Seria bom se os diretores de marketing fizessem o mesmo. Estariam preparados quando ouvissem os últimos contos de fadas das inovações, contados pelas tropas nas trincheiras.

ESTRATÉGIAS DE IMPLEMENTAÇÃO

MARKETING PERSONALIZADO

Bill Malkes
CEO, *Siligence*

Na customização de um produto ou serviço, os limites entre o marketing (estratégia) e as vendas (tática) são nebulosos.

Encontrei formas singulares de marketing customizado durante 20 anos levantando capital de risco (isso sim que é platéia fria), realizando fusões, aquisições e *joint ventures* e vendendo circuitos de computador.

O índice de fracasso na indústria de desenvolvimento de Sistemas em Chip (SoC) completos é muito alto. Nosso índice de sucesso tem sido de satisfatórios 98%. Parte desse sucesso pode ser atribuído à integração das atividades de design com a interface de vendas — ou seja, levar as funções de marketing para o processo de vendas.

Recentemente, me pediram que aconselhasse um grupo de engenheiros de suporte técnico sobre como poderiam ser mais eficientes no auxílio à venda de chips complexos de design integrado. Minha fonte para a estrutura foi a sabedoria atemporal de Sun Tzu.

Nosso ponto de partida na discussão de treinamento foi a posição da equipe de suporte na interface com o cliente. Sun Tzu disse: "É dever do general ser quieto, e assim garantir profundidade na deliberação".

Por algum motivo, engenheiros normalmente reticentes se tornam muito falantes diante de um possível cliente. Eles não conseguem evitar mostrar ao cliente como são inteligentes ao recitar tudo o que sabem sobre o que *acham* que é o assunto. Assim como o general que deve deliberar, nossa equipe de suporte precisa se posicionar como ouvintes e fazer perguntas. Como diria o autor Gerald Michaelson, quanto mais perguntas você faz, mais conhecimento tem.

Essa estratégia de ouvir funciona durante todo o processo de marketing e venda customizados. Quando era um jovem diretor financeiro, fui bastante cuidadoso ao preparar um programa de marketing agressivo, que seria apresentado à diretoria. Eu tinha um relatório lindamente preparado e completo, com análise de risco, gráficos e argumentos imbatíveis. A estratégia estava montada; agora vinha a tática de vender o programa para os diretores. Em menos de dois minutos de apresentação, os diretores começaram a votação e, por unanimidade, aprovaram meu pedido. Após agradecer, eu disse: "Outra coisa boa em relação a isso é que..." Fui imediatamente interrompido por um diretor que me deu um conselho que duraria uma vida inteira: "Bill, nada de bom pode acontecer com você se começar a falar agora. Quando conseguir um sim, pare". A mensagem principal para qualquer executivo é "cale-se" depois de conseguir o pedido.

A lição de Sun Tzu sobre ser quieto ficou gravada no meu subconsciente pela eternidade. Em uma situação menos feliz, empregamos uma vendedora que, em sua alegria ao receber um "sim" de um cliente quanto a uma proposta, disse: "E o bom é que estamos oferecendo um desconto de 25% nesse produto agora". A "carreira" dela durou mais uns 90 dias. Ouça!

Então você ouve, mas pergunta: "Não teremos de falar mais cedo ou mais tarde?" Sun Tzu disse: "Ao acampar, escolha um terreno alto, de frente para o sol". Nossa empresa escolhe o terreno elevado ao estabelecer nossos fatores de diferenciação. Encontramos os lugares onde podemos ver nossos concorrentes de cima, pelo terreno elevado da vantagem competitiva.

É hora de revelar minha sabedoria favorita do mestre: "Use a força normal para entrar na batalha; use a extraordinária para vencer". Os vendedores de maior sucesso na nossa organização cresceram por conhecer as habilidades de cada centro de design. Eles chegam mais longe quando colocam os engenheiros desses centros frente a frente com os clientes que precisam de suas habilidades específicas. Os vendedores que são vitoriosos conhecem não apenas o que o cliente deseja, mas também seus medos e a fonte de seus medos. Nós vencemos ao deixar que nosso cliente fique confiante por meio de uma interface com os engenheiros de design. É como colocar o consumidor de televisões de alta tecnologia em contato com o pessoal de marketing e de produção. Nossa equipe de suporte de marketing sabe se o possível cliente quer jantar em um restaurante cinco estrelas ou em uma lanchonete antes do jogo de futebol. Sabem como elaborar o design de acordo com as especificações do cliente. Sabem como alavancar o extraordinário.

"A configuração do terreno é de grande ajuda nas operações militares". O design de um Sistema em Chip complexo pode levar mais de um ano e custar mais de um milhão de dólares, sem nenhuma garantia de sucesso. É uma proporção arriscada. Conhecer o modelo de negócios do cliente (confirmar o terreno) é de extrema importância. Nós maximizamos o lucro do cliente em termos de projeções para cinco anos e minimizamos nossos custos de engenharia em termos de quantidades semanais, ou até mesmo diárias. Em algum lugar entre os lucros de longo prazo e os custos diários, o processo pode apresentar um risco consideravelmente menor.

Finalmente, conversamos sobre o princípio das manobras — pensar com

ESTRATÉGIAS DE IMPLEMENTAÇÃO

o pé no chão. Sun Tzu disse: "A tática muda em uma variedade infinita de formas para se adequar às mudanças das circunstâncias".

O maior e mais lucrativo cliente agendado durante meu mandato tinha dado uma ordem verbal de compra para sua empresa de design. Como vencemos? Fomos adquiridos por uma organização que ampliou nosso quadro de habilidades, e passamos a ser mais competitivos em termos de tecnologia. Uma vendedora alerta mudou sua tática quando ouviu sobre a aquisição e colocou nossa equipe em frente ao cliente.

Outro problema surgiu: a empresa de design tinha acesso ao "Golias" da indústria, que fabricava um componente que era parte integrante do design proposto. Nossa equipe não poderia fornecer o componente, então mudamos o campo de batalha. Estabelecemos um relacionamento com o "Davi" da indústria e provamos que o Davi podia vencer.

Muita coisa pode acontecer em um projeto de 16 meses. Na metade do projeto, um de nossos parceiros principais não conseguiu suprir uma das exigências do cliente. O fracasso do fornecedor foi anunciado na imprensa, e o cliente ficou sabendo. Ajustamos nossas táticas e encontramos um novo parceiro que acreditávamos ser a única empresa capaz de suprir a difícil exigência. A solução foi apresentada ao cliente, e pela terceira vez, nós "vencemos".

Por muitos anos venho me beneficiando da orientação de Sun Tzu e das interpretações de Michaelson. Tem sido muito bom. Novas cotações de negócios e pedidos de clientes surgiram após nossa conferência de marketing customizado, e nossos engenheiros de suporte estão envolvidos no processo de venda como nunca.

ESTRATÉGIAS DE IMPLEMENTAÇÃO

SÁBIAS LIÇÕES

Jeff Tripician
Sócio-gerente, *TM branding*

Parecia uma frase de abertura óbvia para um discurso na reunião anual do Setor de Laticínios em Chicago. A platéia era composta de aproximadamente dois mil executivos do setor de laticínios de mais de 500 empresas que representavam quase 100% da indústria de leite nos Estados Unidos. Como novo vice-presidente de vendas e marketing do setor, com apenas 32 anos, encarregado de desenvolver as estratégias e táticas comerciais necessárias para dar uma virada na decadente indústria do leite, eu estava confiante de que esse seria o palco ideal para mostrar a todos a qualidade do pensamento que veriam nos próximos anos.

Minha frase de abertura foi: "O leite, como bebida, não compete bem com as Coca-colas e as Pepsis do mundo, portanto, devemos mudar se quisermos ser bem-sucedidos".

O formato da conferência permitia que microfones se movessem pela platéia e, em menos de 15 segundos do meu discurso de uma hora, um senhor de muita idade na fileira da frente pegou um desses microfones e levantou-se para falar.

Um pouco perturbado, parei meu discurso e apontei para o senhor para que ele fizesse sua pergunta. Pensei na possibilidade de o sistema de som não estar funcionando ou de os slides estarem fora de foco.

Infelizmente, eu estava errado. O senhor simplesmente disse: "Meu jovem, estou neste ramo desde que você nasceu, e antes disso, três gerações da minha família, então deixe-me informá-lo: leite *não* é uma bebida".

Com essa simples declaração, esse homem de 80 anos e aparência inocente pôs um fim ao meu discurso e me mandou para o canto da sala com um chapéu de burro na cabeça.

Não deveria ter sido assim. Eu havia pesquisado exaustivamente a indústria de bebidas nos meses anteriores, me preparando para esse primeiro encontro com a liderança da indústria de laticínios. Era a véspera da votação para fundar um programa duradouro para reconstituir a imagem do leite. E eu era o "figurão" ungido para "consertar a bagunça" que havia sido criada por mais de 30 anos de negligência de marketing por essas mesmas pessoas.

SUN TZU: ESTRATÉGIAS DE MARKETING

Felizmente para mim, outro senhor de idade, antigo político do setor e CEO de um dos maiores laticínios do país, levantou-se no meio da sala e dirigiu-se à platéia. "Eu não vim para Chicago para ouvir as mesmas velhas idéias que debatemos há anos", ele disse. "Vim aqui para ouvir e apoiar novos pensamentos. Não sei se o plano que vamos ouvir e votar vai funcionar, mas sei que nossos velhos planos e pensamentos fracassaram".

Com isso, eu estava de volta no páreo, e o discurso e a votação foram grandes sucessos. Eu também estava armado com dois novos conhecimentos: primeiro, tenha uma apreciação mais saudável das tropas, e segundo, deixe todas as perguntas para o final da apresentação.

Ao retornar para o meu escritório em Washington, meu CEO (um sábio e calejado veterano da indústria de laticínios por mais de 35 anos) me fez sentar em sua sala de visitas/biblioteca para discutir a reunião. Atrás de mim estava uma parede de livros e fotografias autografadas de dignitários, tudo muito impressionante.

O CEO começou com: "Você é um ótimo profissional de marketing, mas tem muito a aprender sobre liderança". Isso deu início aos meus quatro anos de pós-graduação sobre Sun Tzu pelas mãos de um de seus mais ardentes alunos: meu CEO.

Lição 1: *"Se Você Conhece a Si Mesmo, mas Não Conhece o Inimigo, para Cada Vitória Conquistada, Você Sofrerá uma Derrota"*

Ainda que as pessoas na minha própria indústria não fossem o inimigo, elas eram hostis. Minha compreensão da indústria de bebidas não havia me preparado adequadamente para comandar as tropas. Eu não tinha conquistado seus corações e suas mentes. Passei as próximas seis semanas viajando pelo país, visitando os laticínios um a um, ouvindo suas queixas e incorporando-as às minhas próprias idéias para vencer essa batalha das bebidas.

Lição 2: *"Use Muitos para Atacar Poucos"*

Durante minhas viagens, descobri um grupo pequeno, mas sonoro, de líderes da indústria que compartilhava minha visão de futuro. Esses indivíduos formaram a parte mais importante do meu conselho e lideraram cinco times da indústria que criavam e recomendavam planos de ação para todo o setor. Selecionar membros do seu próprio nível e fazê-los recomendar ações provou ser uma estratégia superior para unir a indústria atrás de um pensamento ousado — seu próprio pensamento ousado.

ESTRATÉGIAS DE IMPLEMENTAÇÃO

Lição 3: *"Quando as Tropas Estão Unidas, os Bravos Não Podem Avançar Sozinhos, nem os Covardes Podem Recuar"*

Minhas viagens também revelaram descobertas únicas na indústria que, quando transformadas em táticas de batalha, agiram em benefício da unificação do setor. Como se pode imaginar, uma indústria amplamente composta de laticínios familiares não estava disposta a entregar seu futuro a qualquer grupo semigovernamental e centralizado em Washington, D.C. Esses laticínios precisavam ser capazes de arregaçar as mangas e lutar por seus negócios. Como resultado, toda a programação que desenvolvemos tinha dois componentes: um esforço nacional e um esforço localizado, que era conduzido por eles. Essa estratégia os forçou a agir como um só, em unidades independentes e, ao mesmo tempo, interdependentes.

Lição 4: *"Todos os Exércitos Preferem um Terreno Elevado a um Baixo"*

Em retrospecto, começar o discurso apontando nosso ponto fraco e nossa falha simplesmente enfureceu a platéia. Uma estratégia melhor teria sido falar de nossos sucessos singulares, nossos pontos positivos ("o terreno elevado"), e como poderíamos utilizá-los para levar a guerra a uma conclusão bem-sucedida.

Eu deveria ter me referido aos aspectos positivos do produto, com os quais o grupo está à vontade, tais como "confiança, qualidade, saúde, frescor e nutrição", como os fundamentos de nosso sucesso futuro. Esse teria sido um grito de guerra que todos na sala poderiam ter apoiado.

Aprendi e apliquei esta lição e, conforme o programa se desenvolvia ao longo dos anos, entalhamos nossas mensagens em torno desses pilares positivos que a indústria abraçou e levou para o mercado como *sua mensagem*.

Lição 5: *"A Lei das Operações de Sucesso É Evitar os Pontos Fortes do Inimigo e Atacar os Pontos Fracos"*

Ao nos concentrarmos e alavancarmos os pontos fortes inerentes à indústria do leite, como "confiança, qualidade, saúde, frescor e nutrição", não apenas solidificamos o suporte dentro de nossos próprios contingentes, mas também atacamos as áreas de maior fraqueza dos concorrentes. A Coca-Cola e a Pepsi não tinham como atacar o leite em nenhum um dos cinco frontes que formavam a essência de nossa comunicação ao consumidor.

SUN TZU: ESTRATÉGIAS DE MARKETING

Lição 6: *"A Possibilidade de Vitória Está no Ataque"*

Esta foi a lição mais duradoura aprendida pela equipe, pelas agências, pelos laticínios e por mim mesmo. Durante anos, a indústria do leite esteve sintonizada com os mesmos cinco pontos de comunicação descritos, mas tinha feito muito pouco para comunicá-los ou reforçá-los para os consumidores. Apenas depois de concentrarmos coletivamente nossas energias em um ataque coordenado e disciplinado contra aqueles que estavam desgastando nossa posição, a indústria recuperou posições valiosas com os consumidores e com o varejo.

Esse ataque proativo e focalizado visando à fraqueza inerente do nosso inimigo produziu resultados muito além do esperado.

Quatros anos e incontáveis "reuniões" com o CEO me ensinaram que, apesar de todos os avanços tecnológicos, todos os estudos sobre o comportamento humano, e o advento de "tudo instantâneo", as verdadeiras chaves do sucesso e do fracasso no campo de batalha e na sala de reunião não mudaram desde que um general chinês as identificou há mais de 2.500 anos.

ESTRATÉGIAS DE IMPLEMENTAÇÃO

ESTRATÉGIA OFENSIVA

Art Saxby
Vice-presidente de Marketing, *Imperial Sugar Company*

Portanto, eu digo: Conheça o inimigo e conheça a si mesmo, e poderá travar centenas de batalhas sem correr risco de derrota.

Quando você não conhece o inimigo, mas conhece a si mesmo, suas chances de vencer e perder são iguais.

Se você não conhece nem o inimigo nem a si mesmo, é certo que será derrotado em todas as batalhas.

Alguns anos atrás, eu era analista no grupo de planejamento estratégico de um fabricante de salgadinhos. A empresa tinha uma série de concorrentes regionais bastante difíceis. Nosso objetivo era não apenas ser uma marca forte em todo mercado, mas também a mais lucrativa. Com os objetivos gêmeos de lucro e participação no mercado, sabíamos que não poderíamos forçar nosso peso e diminuir os preços só para ganhar mercado. Isso teria enfraquecido mais os concorrentes do que a nós, mas também teria retirado a lucratividade do mercado.

Antes de formular um plano de ataque, voltamos nosso olhar para dentro e fizemos uma auto-análise. Observamos em detalhes nossa lucratividade no mercado-alvo. Não apenas analisamos a lucratividade de cada marca, o tamanho e o canal de venda, mas também os fatores-chave que poderiam provocar mudanças nessa lucratividade. Ao fazermos essa análise, ignoramos os relatórios financeiros internos. Em vez disso, construímos uma visão da estrutura de custo como se estivéssemos de fora olhando para dentro. Observamos todos os tipos de equipamentos instalados, o pessoal e os índices de trabalho. Depois, com base nos dados públicos de participação no mercado, determinamos a produção média, a quantidade de tamanhos de pacotes ou mudanças de sabor no período de uma semana e assim por diante.

Depois disso feito, comparamos as informações com os relatórios de custo interno e de eficiência da produção. Isso nos deu confiança em duas áreas-chave. Primeiro, agora sabíamos as áreas específicas do nosso negócio que proporcionavam nossa lucratividade e os tipos específicos de ações de mercado que teriam maior ou menor impacto na lucratividade. Em outras palavras, antes de iniciarmos as hostilidades, sabíamos que áreas precisávamos defender e que tipos específicos de contra-ataque seriam os mais prejudiciais. Segundo, estávamos confiantes de que poderíamos aplicar a mesma metodologia aos nossos concorrentes.

A segunda fase do projeto foi reunir informações sobre os concorrentes. Nosso estudo interno havia nos mostrado que informações procurar. Olhamos as permissões de prédios públicos e jornais de comércio para determinar os tipos de equipamentos que nossos concorrentes haviam instalado. Vasculhamos os registros da Agência de Proteção Ambiental para avaliar as eficiências da matéria-prima, e realizamos estudos de tempo para determinar a média de vendas dos nossos concorrentes e sua eficiência na distribuição.

Após compilar todas essas informações, podíamos verdadeiramente dizer que conhecíamos o inimigo tão bem como conhecíamos a nós mesmos. A partir disso, várias coisas interessantes vieram à tona. E mais importante, os itens de grande volume dos concorrentes nos canais de supermercados de grande volume lhes davam lucros muito baixos. Esses itens cobriam muitos dos custos fixos, mas quase não davam lucro. Se tivéssemos seguido nosso primeiro instinto — combater as grandes armas da concorrência com nossas maiores armas nos maiores canais de venda —, acabaríamos lado a lado, tentando sair dessa situação, mas nunca teríamos conquistado nada. Isso teria sido similar aos comentários de Sun Tzu: "A pior política é atacar cidades. Ataque as cidades apenas quando não houver alternativa".

Nossa análise também mostrou que, enquanto as grandes marcas vendidas em canais de supermercados de grande volume quase não geravam lucro, as pequenas marcas de certos salgadinhos vendidos em pequenas lojas de conveniência, postos de gasolina e *delicatessens* geravam todo o lucro da empresa.

Essas informações nos ajudaram na organização de uma ofensiva e defensiva fortes, que aumentaram nossa participação no mercado e nossos lucros.

ESTRATÉGIAS DE IMPLEMENTAÇÃO

APROVEITANDO O TERRENO ELEVADO

Randy Gray
Vice-presidente e diretor-geral, *Brunswick Boat Group*

Nas últimas poucas décadas, testemunhei o desempenho extraordinário de um grupo seleto de empresas que parece seguir o princípio de Sun Tzu que diz que, tanto na batalha quanto nas manobras, todos os exércitos preferem o terreno elevado. Cada um de nós pode fazer sua própria lista de empresas de alto desempenho, mas eu diria que a maioria de nós não omitiria nomes como General Electric, Microsoft, Intel, Nike, Coca-Cola, Wal-Mart e Toyota/ Lexus. Embora eu não diga que entendo os planos estratégicos de cada uma dessas empresas líderes, pode-se generalizar que todas essas empresas usam técnicas, em suas estratégias comerciais e iniciativas de marketing, que seguem, em linhas gerais, os princípios de Sun Tzu que visam a vencer a guerra, não a batalha.

Durante minha carreira, passei boa parte do tempo estudando e desenvolvendo estratégias para conquistar vantagem competitiva em várias áreas, desde ensinar até gerenciar negócios nacionais e internacionais. Embora não exista um livro de receitas simples para garantir o sucesso, observei que tende a existir um conjunto de características que são geralmente comuns entre as empresas bem-sucedidas. Empresas vencedoras normalmente têm um ou mais dos seguintes atributos: (1) melhor posição de custo, (2) liderança no emprego da inovação/tecnologia, (3) forte posicionamento da marca, (4) distribuição altamente eficiente, e/ou (5) ótimo atendimento ao cliente.

Os baixos custos podem ser a principal arma competitiva, e quase todas as empresas listadas tiveram sucesso em oferecer uma margem de desempenho superior em suas indústrias ao prestarem especial atenção aos custos. No ambiente desafiador de hoje, é de vital importância conquistar uma margem de desempenho superior para seguir com eficiência a filosofia de Sun Tzu de aproveitar o terreno elevado para construir um volume superior (por exemplo: a dedicação da GE em ser a número um ou um forte número dois em cada um de seus negócios). O volume superior é um princípio essencial de Sun Tzu quando se acredita na doutrina de que *uma tropa fraca acabará sucumbindo a uma mais forte*. Descobri que, quando você percebe que sua posição no mercado está sendo vigorosamente atacada nos negócios, ter volume e a melhor posição de custo é uma grande defesa.

SUN TZU: ESTRATÉGIAS DE MARKETING

A Intel e a Microsoft são exemplos excelentes de empresas que não apenas conquistaram o terreno elevado como também seguiram o princípio de Sun Tzu de consolidar sua posição ao alavancarem velocidade na tecnologia e na inovação para sustentar a vantagem estratégica. Sun Tzu destaca que "a velocidade é essencial na guerra e uma vitória rápida tem valor". Com certeza, a busca da Intel em acompanhar a lei de Moore* sobre o potencial dos chips e os lançamentos de Bill Gates de produtos novos e agressivos com desempenho aprimorado na Microsoft fornecem exemplos fortes de como a velocidade de inovação e tecnologia no desenvolvimento de novos produtos pode trazer um sucesso sustentável.

A força da marca continua sendo um grande diferenciador no sucesso das empresas. A Nike e a Coca-Cola desenvolveram posições imbatíveis para suas marcas em seus respectivos setores ao fazerem um marketing extraordinário. Sun Tzu declara: "Aqueles habilidosos na guerra podem se tornar invencíveis. Conheça o clima e o terreno, e a vitória será completa". A Nike e a Coca-Cola certamente seguiram a regra de conhecer a si mesmas, seus clientes e seus inimigos e, como resultado, estabeleceram posições inatacáveis. Claro que é possível copiar um refrigerante de cola ou um par de tênis, mas é impossível copiar a força da marca. Vários anos atrás, tive a oportunidade, no setor naval, de unir um conhecimento profundo sobre o cliente com a força da marca para frustrar o ataque de um concorrente poderoso. Eu recomendo ao estrategista comercial que nunca subestime o poder dessa combinação.

A habilidade de Sam Walton e sua organização em gerenciar os custos e a distribuição eficiente no Wal-Mart é lendária. Em um período de tempo relativamente curto, o Wal-Mart destronou um líder do varejo após o outro até se tornar a maior empresa do mundo. O Wal-Mart parece ser um exemplo excelente do princípio de Sun Tzu de *concentrar os esforços onde se é forte*. O poder da distribuição mais eficiente combinado com uma ênfase incansável na obtenção dos menores custos permitiu que o Wal-Mart dobrasse as vendas por metro quadrado nos últimos cinco anos, apesar de seu tamanho imenso. Talvez outros dos princípios de Sun Tzu seja igualmente evidente na filosofia do Wal-Mart, pois parece que o Wal-Mart reconhece que *o gerenciamento de um grande contingente é igual, em princípio, ao gerenciamento de poucos homens; é uma questão de organização.*

---

* N. da T.: O fundador da Intel, Gordon Moore, constatou que a cada 18 meses a capacidade de processamento dos computadores dobra, enquanto os custos permanecem constantes. Isto é, daqui a um ano e meio você vai poder comprar um chip com o dobro da capacidade de processamento pelo mesmo preço que você paga hoje.

ESTRATÉGIAS DE IMPLEMENTAÇÃO

Buscando desafiar a Mercedes pela posição de liderança no mercado de carros luxuosos, a Toyota usou o princípio de Sun Tzu de conhecer a si mesmo e conhecer o inimigo ao combinar a excelência do produto com um ótimo serviço ao cliente na introdução do Lexus. Os resultados foram notáveis, pois pesquisas recentes da J D Power revelam, de maneira consistente, que o Lexus está na frente da Mercedes na satisfação do cliente. Está claro que os estrategistas do Lexus usaram o poder da informação para concentrar os recursos na criação de uma experiência nova para o cliente ao eliminarem as dificuldades de se ter um automóvel luxuoso.

Como vice-presidente e diretor-geral de um negócio de partes e acessórios voltados ao cliente, eliminar as dificuldades de nossos clientes atuais e futuros é meu maior objetivo.

Índice Remissivo

A Busca do Uau! (Tom Peters), 22
Ação ofensiva, 73-88
    [*Veja também* Ataque(s)]
    avanços como, 83-84
    como defesa, 70-71
    como estratégia, 74
    como tática, 74
    continuidade do movimento na, 81-82
    e aproveitar a iniciativa, 79-80
    estratégia para, 197-198
    flexibilidade tática na, 85-86
    inovação como, 74-76
    organizando a, 76
    prioridades de recursos para, 77-78
    velocidade na, 87-88
Aceitação, 77-78
Alavancagem, 103, 112-113
Alianças, 60
Amelio, Gil, 47
American Airlines, 144
AMF, 4
análise SWOT, 15
Andrews, Kenneth, *Chief Executive's Handbook*, 32
Andrews, Lincoln C., 70
Aprendendo:
    ao conversar com clientes, 8
    com a experiência dos outros, 17
    com líderes, 163-164
Aproveitar a iniciativa, 79-80
Aquisições:
    sucesso ou fracasso das, 146-147
    transições suaves nas, 164
Araldite, 100
Arte da Guerra, A (Sun Tzu), 68-69
Ataque contínuo, 81-82
Ataque(s):
    (*Veja também* Ação ofensiva)

    circunstâncias e tipo de, 106-107
    concentração do, 122-123
    contínuo, 81-82
    e possibilidade de vitória, 195-196
    silencioso, 91
    sucesso do, 116
    superioridade no, 121
    surpresa, 90
Ataques de flanco, 108-109
Atari, 62
Atendimento ao cliente, 181-182
    na Dell, 5
    na Nordstrom's, 67
    no Ruby Tuesday's, 7
Átila, o Huno, 112-113
Atitude positiva, 170-171
Atitude positiva, 170-171
Au Bon Pain, 54
Autoconfiança, 161, 170-171
Autodomínio, 170
Autoridade moral, 69
Avaliação:
    da oportunidade de marketing, 13-15
    de reputação, 153

Barnes & Noble, 42, 64
Beal, Sandy, 7
Beatrice Company, 4
Ben & Jerry's, 64
Benchmarking, 20
Bendix, 62
Bernauer, David, 63
Big Lots, 67
Bismarck, Otto Eduard Leopold von, 17
Bloqueios mentais, 152-153
Bon Ami, 134
Boyd, John, 69, 95, 96, 98
Brabeck, Peter, 86

SUN TZU: ESTRATÉGIAS DE MARKETING

Burocracia, 151
Burr, John G., 35, 176

Cadillac, 66-67
Cartier, 66-67
Cathy, Truitt, 109
Centro de Liderança Criativa, 169
Chandler, David G., 150
Chang Yu, 146
Charles Schwab, 179
Chick-fil-A, 109
Chief Executive's Handbook (Kenneth
    Andrews), 32
Chrysler, 102
Churchill, Winston, 61-62
Ciclo percepção-orientação-decisão-
    ação (PODA), 95-96
Ciclo PODA (ciclo de percepção-
    orientação-decisão-ação), 95-96
Clausewitz, Carl von:
    sobre a concentração de forças, 120
    sobre a confiabilidade das
informações, 19
    sobre a decisão, 33, 34
    sobre a simplicidade, 183
    sobre a superioridade, 122-123
    sobre a teoria, 52
    sobre os ataques de flanco e de
      retaguarda, 104
Clientes-alvo, 3-4
Coaching, 176-177
Coca-Cola, 59, 118, 188, 199, 200
Coleco, 62
Colgate, 94
Comando de Tropas (manual alemão de
    campo), 10
"Comitê da morte", 51
Companhia aérea JetBlue, 6
Comunicação, 152-153
    ato da, 153
    de objetivos, 34
    simplicidade na, 184
Conceito de poder na linha de frente,
    141-142

Concentração:
    como estratégia, 116
    da força contra a fraqueza, 117, 120-121
    de esforço, 200-201
    de propaganda, 117-119
    de recursos, 115-128
    para atingir a massa crítica de
      marketing, 124-125
    para concentrar a força contra a
      fraqueza, 120-121
    para construir um trabalho em
      equipe vencedor, 126-128
    para obter vantagem competitiva, 44
    para superioridade relativa no
      momento decisivo, 122-123
    regras que influenciam, 117
    táticas de, 116
Concorrentes:
    análise de, 23-25
    destacando seu negócio dos, 4-5
    manobrando mais rápido que, 96
    planos de ataque dos, 39
    subestimando, 50-51
Confiança, 161, 170-171
Conflitos internos, 131
Confusão, 97-98
"Conquistar", 69-70
Consumidores, 1-8
    alvo, 3-4
    aprendendo com, 8
    como clientes, 112
    conhecendo, 21-22
    e a declaração de posicionamento, 3-6
    e a definição do seu negócio, 4
    e simplicidade de execução, 5-7
    estratégia para honrar, 2
    foco nos desejos e vontades dos, 179
    identificando benefícios para, 4-5
    lealdade dos, 7, 180-181
    mantendo, 157-158
    ouvindo, 12
    prioridades dos, 7-8
    servindo, 2-3
    táticas para honrar, 2

Índice remissivo

Coors, 187
Creech, W. L., 110
Cultura organizacional, 13, 181

Declaração de posicionamento, 3-6
Defesa:
  ataque como, 70-71
  invencibilidade na, 61-62
Definindo seu negócio, 4
Dell Computer, 5, 102, 109
Dell, Michael, 42
DeLorean, John Z., 26-27
Derrota, evitando a, 178-179
Desperdício de energia, 131
Disciplina, 176-177
Disney, 66, 118
Dixon, Norman, *On the Psychology of
  Military Incompetence*, 166, 168, 175
Dollar General, 67
Domino's, 65
Drucker, Peter, 50, 79
Du Picq, Ardant, 126

Earle, Edward Meade, 39
Economia de força, 129-138
  como estratégia, 130
  definição de, 130
  e desperdício de energia, 131
  e gerenciamento de conflitos
    internos, 131
  em táticas, 130
  escolhendo batalhas para, 135-136
  para construir a força interna, 132-134
  para eficiência, 137-138
Efeito multiplicador, 83-84, 171
Eficácia, 131-131, 166
Eficiência, 130-131, 137-138
Eisenhower, Dwight D., 116
Elogios, 161
Emoções, comunicação e, 152
Energia, desperdício de, 131
Equilíbrio de poder, 94
Espiões, 18-19, 28-29
Espionagem, 28-29

Espírito humano, 144
Estratégia de marketing:
  exemplos de, 185-201
  princípios de, xiii-xiv
Estratégia ocidental, ix, x
Estratégia, ix, x
  antes da tática, 36-40
  concentração como, 116, 121
  definição de, xv
  e economia de força, 130
  e inteligência, 10
  e liderança pessoal, 160
  e objetivo, 32-33
  e posicionamento, 58
  e unidade de comando, 140
  exemplos de marketing, 185-201
  manobras como, 102
  militar, como base para os negócios, xiv
  ofensiva, 74, 197-198
  para honrar os clientes, 2
  para propaganda, 118
  preemptiva, 63-65
  suprema, 39
  surpresa como, 90
  tática *versus*, 36
  vindo depois das pessoas, 161
Estratégias preemptivas, 63-65
Estrutura de comando, 139-158
  (*Veja também* Liderança)
  e comunicação, 152-153
  e estratégia, 140
  e estrutura organizacional, 150-151
  e o conceito de poder na linha de
    frente, 141-142
  e ordens *versus* instruções, 141-142
  e táticas, 140
  e trabalho em equipe completo, 154-
    156
  orientada à missão, 141-142
  para elevar o moral, 143-145
  para ganhar força com a vitória,
    146-147
  para manter clientes, 157-158
  regras básicas de, 148-149

SUN TZU: ESTRATÉGIAS DE MARKETING

Experiência, aprendendo com a dos outros, 17
Extraordinário, normal *versus*, 83-84, 190

Fairfield Inns, 23
Federal Express (FedEx), 19, 60, 100
Flexibilidade:
    como qualidade de liderança, 173
    tática, 85-86
Foch, Ferdinand, 93, 130
Força(s):
    analisando, 15
    aumentando, 113
    concentrando, 117, 120-121, 195, 200-201
    desenvolvendo, 75
    equilíbrio de, 166
    interna, 132-134
    moral, 69
    vitória e ganho de, 146-147
Forças do mercado, 58-60
Ford, 74, 102-103, 130
Fotomat, 42
Fracasso, fator pessoal no, 146-147
Franquias, 113
Fraquezas:
    analisando, 15
    como pontos decisivos, 122-123
    concentrando força contra, 117, 120-121, 195-196
Frederico, o Grande, 17, 112-113, 116-117
    Instruções para Seus Generais, 21
Fulmer, Philip, 148-149

Gates, Bill, 173, 200
General Electric (GE), 199
General Motors, 74, 173
Gerenciamento por Objetivos, 176-177
Gerenciamento:
    (*Veja também* Estrutura de comando)
    concentração no, 121
    e habilidades de liderança, 168-169
    força da liderança e força do, 166
    liderança *versus*, 161, 162

muito centralizado, 141
Gideão (personagem bíblico), 105-106
Gillette, 71
Gray, Randy, 199-201
Grundig, 62
Guerrilha, 56
Guiliani, Rudolph, 171
Guisan, Henri, 39

Häagen-Dazs, 64
Harley-Davidson, 4, 71
Hart, B. H. Liddell, *Strategy*, 133
Harvard Business Review, 100
Heinz, 71
Henderson, Bruce, 90
Hershey, 66-67
History of Warfare (Marechal-de-Campo Montgomery), 171
Hodock, Calvin, 187-188
Holiday Inn, 109
Honda, 109, 111
Honrar os clientes, estratégias e táticas para, 2
Hotéis Hyatt, 8
Howard Johnson, 5
Humanitarismo, 166
Huxley, Aldous, 17

Indicadores, piores, 50-51
Inércia de compra, superando a, 124-125
Inércia, superando, 124-125
Iniciativas estratégicas, 43-45
Iniciativas:
    aproveitar, 79-80
    estratégicas, 43-45
Inovação, 71
    como ofensiva, 74-76
    erros na, 187-188
Instruções para Seus Generais (Frederico, o Grande), 21
Instruções, ordens *versus*, 141-142
Integridade, 161, 180-181
Intel, 71, 199, 200

Índice remissivo

Inteligência, 9-29, 187
    análise competitiva na, 23-25
    avaliação da, 13-15
    e aprender com a experiência dos
        outros, 17
    e espionagem, 28-29
    e estratégia, 10
    e tática, 10
    objetivo *versus*, 10
    para conhecer seu mercado, 22-23
    pela observação pessoal, 26-27
    pesquisa para, 18-20
    sistemas de processamento de
        informações para organização
        da, 10-12
Intrusão, 99-100
Invencibilidade, 61, 200

Jelly Belly, 44
Joana d'Arc, 112-113
Jo-Ann Fabrics, 125
Jobs, Steve, 173
Jogador do time, 162
Johnson & Johnson, 133
Johnson, Robert Wood, 133
Johnstone, H. M., 144
Julgamento, 173

Kahn, Robert, 146-147
Kellogg's, 188
Kentucky Fried Chicken (KFC), 71
Kimberly Clark, 94
Kinko's, 60
Kmart, 5

Lawrence, T. E., 16
Leaders and Battles (W. J. Wood), 173
Lealdade, 4
    cliente, 7, 180-181
    interna, 180-181
    programas de fidelidade do cliente, 103
Leis de Murphy, 169, 184
Lever Brothers, 94
Lexus, 67, 199, 201

Liderança, 159-181
    (*Veja também* Estrutura de comando)
    a "arte" da, 172-173
    concentração na, 121
    disciplina na, 176-177
    e atitude positiva, 170-171
    e estratégia, 160
    e lealdade, 180-181
    e o comportamento de líderes de
        sucesso, 169
    e ouvir e aprender, 163-164
    e pontos cegos, 174-175
    e táticas, 100
    equilíbrio na, 165-166
    estilos de, 160-161
    excelência na, 179
    gerenciamento *versus*, 161, 162
    guia para, 161-162
    lições de, 193-196
    melhorando suas habilidades de,
        167-169
    qualidades para, 13, 160
    tipos de, 162
Líderes autodenominados, 162
Lincoln, 67
Localização, 111
Lowe's, 42
Lucro, 137-138
Luttwak, Edward, xiv

MacArthur, Douglas, 116, 173
Mal de Alzheimer no marketing, 187-188
Mala-direta, 98
Malkes, Bill, 189-191
Manobras, 101-113, 190-191
    como estratégia, 102
    de flanco, 106-109
    e táticas, 102, 104
    escolhendo as melhores, 105-107
    obtendo alavancagem, 103, 112-113
    por meio da segmentação, 110-111
Mao Tse-tung, 56
Marca(s):
    alavancagem, 103

SUN TZU: ESTRATÉGIAS DE MARKETING

e posição natural, 67
poder da, 200
Marechal-de-Campo Montgomery,
History of Warfare, 171
Marketing customizado, 189-191
Marketing de nicho, 111
Marketing:
(*Veja também tópicos específicos*)
customizado, 189-191
definição de, 157-158
estratégias para, x, xiii-xiv, 185-201
massa crítica de, 124-125
objetivo final do, 2
primeira regra de, 75-76
Marlboro, 118
Marriott, 23
Massa crítica de marketing, 124-125
Mattel, 28
Mattus, Reuben, 64
Máximas (Napoleão), 170
Maytag, 169
McDonald's, 59, 86, 113
Mercado(s):
como melhor fonte de informação, 10
conhecendo, 21
estar em sintonia com o, 75
evolução do, 42
poderes do, 58-60
viradas estratégicas no, 42
Mercedes, 67, 201
Merchandising, 99
Merryman, James H., 145
Michelin, 109
Microsoft, 58-60, 71, 199, 200
Miller Brewing Company, 82
Minha Jornada Americana (Colin
Powell), 161-162
Mobilidade logística, 87-88
Moltke, Helmuth von, 169
Montgomery, Bernard Law, 137-138, 171
Moral, elevando o, 143-145
Movimento, 81-82
Mudanças de paradigma (*veja* Viradas
estratégicas)

Multiplicadores de força, 83-84, 171

Nabisco, 58
Napoleão Bonaparte, 87
e moral, 144
e qualidades de liderança, 173
e unidade de comando, 140-141
sobre concentração de forças, 124
sobre guerra defensiva e ofensiva, 70
sobre manobras, 49
sobre penetração por parte do
inimigo, 117
sobre qualidades de liderança, 170
sobre suprir os desejos do inimigo, 75
Negócio, definindo o, 4
Nestlé, 86, 127
Neutrogena, 34
New Balance, 62
New York Times, 85
Newell Corporation, 82
Nike, 62, 199, 200
Nível de espaço mental, 77-78, 117-118
Nordstrom's, 67, 91
Novartis, 71

Objetivo, 31-56
capacidade de alcançar, 33-34
como tática, 32, 33
como vitória sem luta, 38-39
comunicação clara de, 34
decisivo, 33
definição clara de, 32-33
e estratégia antes do conceito de
tática, 36-40
e estratégia, 32-33
e iniciativas estratégicas, 43-45
e plano de ação, 46-47
e riscos calculados, 52-54
e subestimar a concorrência, 50-51
e teste de mercado, 48-49
e viradas estratégicas, 41-42
inteligência *versus*, 10
manutenção do, 34
sobrevivência como, 55-56

Índice remissivo

Objetivos possíveis, 33
Ogilvy, David, 184
On the Psychology of Military Incompetence
    (Norman Dixon), 166, 175
"Oito Ps" para abordar o mercado, 13
Oportunidades:
    analisando, 15
    militares, 132
Ordens, instruções *versus*, 141-142
Organização Coach, 20
Organização:
    da ação ofensiva, 76
    da inteligência (*veja* Inteligência)
    de prioridades, 77
    estrutura de, 150-151
Ouvindo:
    líderes, 163-164
    no marketing/venda customizados,
        189-190
Ouvir ativamente, 164

Padrões, estabelecendo, 176-177
Palmach, 144
Panera Bread, 54
Papa John's, 88
PepsiCo, 188
Percepção, 77
Perfil dos concorrentes, 24
Pesquisa de marketing, 10, 19-20
Pesquisa, 10, 18-20
Peters, Tom (*A Busca do Uau!*), 22
Phillips Company, 91-92
Pizza Hut, 65
Planejamento:
    da surpresa, 93-94
    nos "oito Ps", 13
Plano de ação, 46-47
Plano de marketing, 47-47
Poder dos guerrilheiros, 59-60
Poderes secundários, 59
Pontos cegos, 174-175
Posicionamento, 57-71
    ciclo de, 60
    e as forças do mercado, 58-60

e declaração de posicionamento, 3-6
e estratégia, 58
e táticas, 58
em terreno elevado, 68-69
estratégias preemptivas para, 63-65
natural, 66-67
nos "oito Ps", 13
para a invencibilidade, 61-62
Powell, Colin, 171
    Minha Jornada Americana, 161-162
"Preceitos de Ssu Ma Jang Chu, Os", x
    sobre estrutura de comando, 139
    sobre liderança, 165
    sobre moral, 159
    sobre ordem de batalha, 159
    sobre posicionamento, 57
    sobre preparação, 73
    sobre uso de forças, 115, 129
Preço, 40, 88
Princípios da estratégia de marketing,
    xiii-xiv
Priorizar:
    como disciplina, 176-177
    de acordo com as necessidades do
        cliente, 8
    na alocação de recursos, 77-78
Procter & Gamble, 8, 94, 184
Produtos:
    ciclo PODA no desenvolvimento de,
        95-96
    customizados, 189
    e posição natural, 67
    falha em, 187-188
    lançamento de, 92
    nos "oito Ps", 13
    recursos para empurrar *versus*
        puxar, 78
Promoção:
    concentração em, 121
    exclusividade de, 118
    nos "oito Ps", 13
Propaganda, 117-119, 121
Protótipos rápidos, 28
Puma, 62

SUN TZU: ESTRATÉGIAS DE MARKETING

Qualidade, investimento em, 71

Rangers do Exército Americano, 146-147
Recursos:
    alocação de, 116-117, 121 (*Veja também* Economia de força)
    concentração de, 115-128
    humanos, 166
    para ação ofensiva, 77-78
Regra de três a cinco, 153
Reputação, 153
Responsáveis por decisões, instruções para, 151
Rickover, Hyman, 51
Riscos calculados, 52-53
Riscos calculados, 52-54
Ritz-Carlton (Nova York), 64

Sabedoria não convencional, 53-54
Sabedoria não convencional, 54
Saxby, Art, 197-198
Schwarzkopf, Norman, 116
Sears, 5
Segmentação, 74-75, 110-111
Segredo, 91-92, 98
Segurança, 29, 98
Serviço, 3
    (*Veja também* Atendimento ao cliente)
    customizado, 189
    desenvolvendo uma cultura de, 180-181
Simplicidade, 5-7, 75, 183-184
Sistema de comando voltado à missão, 142
Sistemas em Chip (SoC), 189, 190-191
Sloan, Alfred, 74-75
Smith, Fred, 19
Sobrevivência, 55-56, 137-138
SoC (Sistemas em Chip), 189, 190-191
Sopa Campbell's, 80, 188
Southwest Airlines, 6, 91, 179
Staples, 44
Starbucks, 64
Straight from the Gut (Jack Welch), 161

Strategy (B. H. Liddell Hart), 133
Stratemeyer, George E., 156
Subway, 88
Sucesso, 80
Sucesso:
    (*Veja também* Vencer)
    características comum ao, 199
    do compromisso aos valores, 168-169
    e qualidade de liderança, 161-162
    fator do espírito humano no, 144
    fator pessoal no, 146-147
    na liderança, 169-170
Suíça, 39-40
Superioridade relativa, 122-123
Superpoderes, 58-59
Surpresa, 89-100
    como estratégia, 90
    como tática, 90
    e confusão, 97-98
    e segredo, 91-92
    ousadia e intrusão para, 99-100
    planejando para, 93-94

Taco Bell, 86
Tanque Merkava, 127
Tática(s):
    ação ofensiva como, 94
    concentração de recursos como, 116
    definição de, xv
    e inteligência, 10
    e liderança pessoal, 160
    e manobras, 102, 104
    e objetivo como meta, 32, 33
    e posicionamento, 58
    e unidade de comando, 140
    economia de força em, 130
    estratégia antes da, 36-40
    estratégia *versus*, 36
    flexibilidade, 85-86
    para honrar os clientes, 2
    revisão constante de, xiv
    surpresa como, 90
Terreno elevado, 68-69, 190, 195, 199-200
Teste de marketing, 48-49, 98-99

Índice remissivo

Texas Instruments, 130
Tiffany, 66-67
Ting Hsin International, 88
Toyota, 109, 164, 199, 201
Trabalho em equipe completo, 154-156
Trabalho em equipe, 126-128
Treinamento, 176-177
Tripician, Jeff, 193-196
Turner, Ted, 54

Unidade de comando (*veja* Estrutura de comando)

Valor para o cliente, 44
Valor(es):
    compromisso pessoal com os, 169
    dos líderes, 13
    moral, 69
    para o cliente, 44
Vantagem competitiva, 45
    com a velocidade, 87-88
    e assumir riscos, 53
Varro, 75
Vegetius, 75
Velocidade, 87-88, 96
Velpeau, Alfred, 19
Vencer:
    (*Veja também* Sucesso)
    chaves para, 166
    desenvolvendo trabalho em equipe
        para, 126-128
    estratégias para, 35-40
    por meio de ofensiva, 75-76
    por meio do marketing
        personalizado, 190
    sem lutar, 38-39
    tanto a batalha quanto a guerra,
        157-158
Venda, concentração em, 121
Verne, Jules, 19
Viradas estratégicas, 41-42

Visões, 13
Vitória:
    ganhando força com, 146-147
    moral, 69
    rápida, 87-88
Volkswagen, 109

Walgreen's, 63
Wal-Mart, 42, 199, 200-201
    base do sucesso do, 6
    como ameaça nos primeiros anos, 91
    como principal matador, 59
    estratégia vencedora do, 36-37
    flexibilidade no, 173
    invencibilidade do, 62
    posicionamento do, 66-67
Walton, Sam, 200-201
Watson, Thomas J., 19
Wegmans Food Markets, 7
Weis Markets, 88
Welch, Jack, 166, 173
    Straight from the Gut, 161
Wendy's, 86
Western Union, 60
William, Duque da Normandia, 41
Willie, Ulrich, 39
Wood, W. J., *Leaders and Battles*, 173
Wozniak, Steve, 173
"Wu Chi sobre A Arte da Guerra", x
    sobre ataques-surpresa, 89
    sobre disciplina, 180
    sobre elasticidade, 101
    sobre iniciar operações militares, 172
    sobre inteligência, 8
    sobre método, direito e
        planejamento, 31
    sobre obter vitória, 135, 136
    sobre oportunidades militares, 132
    sobre vencer, 157

Xerox, 109

Elogios a *Sun Tzu: Estratégias de Marketing*

"Uma combinação única de sabedoria ancestral e experiências do mundo real."

Carl Glass, VP Sênior, Operações
Varsity Brands, Inc.

"Enganosamente simples na execução, mas poderoso em conteúdo. O executivo sério encontrará os conceitos principais entre as lições mais profundas jamais encontradas em nenhum outro livro de marketing."

Kathleen Newton, Editora
Oregon Coast Newspapers

"Este livro oferece recursos excelentes para que os CEOs corporativos ampliem suas visões e enriqueçam as estratégias para o sucesso."

Zhai Zhihai, Membro da
International Strategic Studies
República Popular da China

"Este é o livro que fará de você um líder eficaz e eficiente."

Jere Calmes, Diretora Editorial
Entrepreneur Press

"Explora, reelabora e adiciona mais sabedoria à atemporalidade flexível de Sun Tzu. O resultado é um livro de marketing por excelência. Assimile este livro, e sua carteira nunca ficará vazia."

Jusuf Hariman, Ph.D.
Escritor, Assessor de Manuscrito
Fellowship of Australian Writers

GRÁFICA PAYM
Tel. (011) 4392-3344
paym@terra.com.br

CADASTRO DO LEITOR

- Vamos informar-lhe sobre nossos lançamentos e atividades
- Favor preencher todos os campos

Nome Completo (não abreviar):

Endereço para Correspondência:

Bairro: Cidade: UF: Cep: –

Telefone: Celular: E-mail: Sexo:
                                                 F   M

Escolaridade:
☐ Ensino Fundamental   ☐ Ensino Médio   ☐ Superior   ☐ Pós-Graduação
☐ MBA   ☐ Mestrado   ☐ Doutorado   ☐ Outros (especificar): _____

Como teve conhecimento do livro?

☐ Jornal / Revista. Qual? _____

☐ Indicação. Quem? _____

☐ Internet (especificar *site*): _____

☐ Mala-Direta: _____

☐ Visitando livraria. Qual? _____

☐ Outros (especificar): _____

Obra: **Sun Tzu – Estratégias de Marketing**

Classificação: **Marketing / Negócios / Estratégias de Marketing**

Outras áreas de interesse: _____

Quantos livros compra por mês?: _____   por ano? _____

Profissão: _____

Cargo: _____

Enviar para os faxes: **(11) 3079-8067/(11) 3079-3147**

ou e-mail: **vendas@mbooks.com.br**

*M.*BOOKS

M. Books do Brasil Editora Ltda.

Av. Brigadeiro Faria Lima, 1993 - 5º andar - Cj 51
01452-001 - São Paulo - SP Telefones: (11) 3168-8242/(11) 3168-9420
Fax: (11) 3079-3147 - e-mail: vendas@mbooks.com.br

DOBRE AQUI E COLE

CARTA – RESPOSTA
NÃO É NECESSÁRIO SELAR

O selo será pago por
M. BOOKS DO BRASIL EDITORA LTDA

AC Itaim Bibi
04533-970 - São Paulo - SP

DOBRE AQUI

End.:
Rem.: